U0653554

中国
科技金融生态
年度报告
2020

中国科学技术发展战略研究院
中国科技金融促进会 编著
上海市科学学研究所

The Annual Report on
the Eco-System of
Science and Technology Finance
in China 2020

上海交通大学出版社
SHANGHAI JIAO TONG UNIVERSITY PRESS

内容提要

本书旨在从生态视角观察科技金融的跨领域、跨时空的动态变化、趋势特征，聚焦我国科技金融生态，从总体综述、领域态势、专题探讨、区域实践、大事与政策汇编等方面，从更加广阔的视角对我国科技金融生态的最新发展态势做了整体跟踪。为业内提供最新信息，为决策者、行业从业者、专家学者提供理论与实践支撑。

本书适合相关专业从业人员阅读。

图书在版编目（CIP）数据

中国科技金融生态年度报告.2020/中国科学技术
发展战略研究院，中国科技金融促进会，上海市科学学研
究所编著.—上海：上海交通大学出版社，2020
ISBN 978-7-313-24174-0

Ⅰ.①中…　Ⅱ.①中…　②中…　③上…　Ⅲ.①科学技
术—金融—研究报告—中国—2020　Ⅳ.①F832

中国版本图书馆CIP数据核字（2020）第254048号

中国科技金融生态年度报告2020
ZHONGGUO KEJI JINRONG SHENGTAI NIANDU BAOGAO 2020

编　　著：中国科学技术发展战略研究院
　　　　　中国科技金融促进会
　　　　　上海市科学学研究所
出版发行：上海交通大学出版社　　　　　地　　址：上海市番禺路951号
邮政编码：200030　　　　　　　　　　　电　　话：021-64071208
印　　制：上海锦佳印刷有限公司　　　　经　　销：全国新华书店
开　　本：889 mm × 1194 mm　1/16　　　印　　张：6.5
字　　数：224千字
版　　次：2020年12月第1版　　　　　　印　　次：2020年12月第1次印刷
书　　号：ISBN 978-7-313-24174-0
定　　价：98.00元

课题组

组　长

王　元

副组长

郭　戎　　石　谦　　程维华　　张明喜

成　员

魏世杰　　金爱民　　李希义　　郭滕达

张俊芳　　朱欣乐　　周代数　　朱学彦

张暄昱　　王秋颖　　张　苑

前言

　　2019年，中美贸易摩擦贯穿始终，中美经贸关系中的科技和金融议题也成为关注的焦点。为此，我们首次试图在观察中国科技金融生态的同时，对中美两国创业投资、银行、保险、资本市场等传统金融领域以及数字货币、众筹、知识产权金融等新兴金融领域进行全面的比较。

　　长期以来，美国科技金融的发展为中国科技金融生态系统的建设提供了良好的经验，中国创业投资的发展、多层次资本市场的建设都有美国的影子，中国也在学习和借鉴过程中摸索了一些更加符合中国国情的新模式，在数字货币、众筹等领域甚至选择了与美国完全不同的方向。

　　中国的科技金融发展支撑了"具有高度适应性、竞争力、普惠性的现代金融体系"的建设，但是在更好地服务科技创新的过程中，还需在根植中国现实的基础上，秉持更加开放的心态，学习和借鉴世界各国优秀的经验，推广地方政府的有益探索。

　　未来，中国科学技术发展战略研究院、中国科技金融促进会和上海市科学学研究所将从更广阔的视角观察中国科技金融生态的发展。

中国科技金融促进会　理事长

目录

CONTENTS

>> 综述篇 / 1

第一章　科技金融生态的新进展 / 3

>> 领域篇 / 5

第二章　创业投资 / 7

第三章　商业银行 / 14

第四章　科技保险 / 21

第五章　多层次资本市场 / 26

>> 专题篇 / 33

第六章　激励企业创新的减税新政 / 35

第七章　数字货币 / 39

第八章　众筹 / 44

第九章　知识产权金融服务模式探索 / 53

第十章　区块链技术支持政策 / 56

>> 区域篇 / 63

第十一章　上海股权投资市场发展情况 / 65

第十二章　陕西省科技金融专营服务机构发展 / 80

第十三章　嘉兴科技金融发展模式 / 85

>> 附　录 / 89

科技金融大事记 / 91

科技金融政策 / 93

综述篇 >>
SUMMARY
CHAPTER

01 第一章 科技金融生态的新进展

2019年，国务院金融稳定发展委员会办公室发布《关于进一步扩大金融业对外开放的有关举措》，按照"宜快不宜慢、宜早不宜迟"的原则，推出11条金融业对外开放措施。

实际上，中国科技金融生态的建设离不开对外开放，特别是得益于美国等发达国家长期探索形成的经验。无论是创业投资还是多层次资本市场，作为先行者，美国一直被中国政府、业界学习和借鉴。近年来，中国的科技金融发展迅猛，科技金融生态体系日趋完善，在诸多领域的新探索取得了较好的效果，但是与美国相比，各领域都存在一定的差距。

自2015年以来，中国创业投资市场成为仅次于美国的第二大市场，这得益于近20年来超过20%的年均增长速度。但与美国相比，中国创业投资市场的投资效率和投资环境还有较大差距。因国际国内宏观经济环境的影响，2019年的中国创业投资市场规模增速大幅放缓，投资者更趋谨慎。

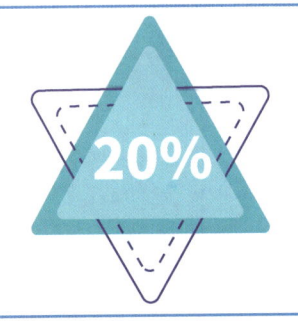

银行和保险领域在继续开放的背景下，持续加大对科技企业和创新的支持，中央和地方部门出台了一系列指导政策，地方政府和商业银行、保险机构各自以及合作推出了多种形式的支持措施。美国作为市场高度发达的国家，政府也积极促进企业信贷环境的改善，甚至通过设置特别贷款的方式为中小企业提供金融服务。

中国的多层次资本市场在2019年发生了前所未有的变化,上海证券交易所建设科创板并推行注册制、创业板借壳上市、新三板公开发行等,这些都是中国资本市场里程碑式的改革措施。但是,与美国的多层次资本市场相比,我国的资本市场虽然多层,但还处于"二维空间"状态,而美国的多层次资本市场各个层次、各个板块之间的相互补充和相互竞争则更加"立体"。

2019年,我国再推系列减税降费政策,小微企业减税、增值税率下调等普惠性减税措施对企业科技创新起到了积极推动作用;固定资产加速折旧扩大至所有制造业,集成电路和软件行业等扩围或延期政策直接有利于相关行业发展;合伙创投个人合伙人、粤港澳大湾区境外高端和紧缺人才适用的个人所得税新政,有利于激励个人发挥相应创新要素的积极作用。

近年来,金融科技的迅猛发展为数字货币、众筹等金融工具提供了快速发展的基础。2019年,中国在法定数字货币的研发、专利、应用等多个层面积极探索,但是众筹的发展从爆发趋于稳定,整体规模呈下降趋势。美国在上述两个领域正在走与中国不同的道路,美国非法定数字货币的发展更为快速,众筹所处的政策环境更加宽容,促进了众筹对中小企业融资的支持作用。

地方政府科技金融生态建设向纵深发展,科技金融生态的建设不再局限于科技资源和金融资源高度集聚的中心城市。各级政府都将构建适合地方发展的科技金融生态作为重要的工作内容:陕西省将科技金融专营服务机构作为科技金融生态建设的重要抓手,以"一院一所"为创新源头,以"硬科技"发展为目标,缓解科技型企业融资难、融资贵的问题;浙江省嘉兴市以G60科创走廊建设为契机,推进以科技创新为核心的全面创新改革试验,促进科技与金融融合发展,初步形成了科技创新与金融创新良性互动、科技资源和金融资本高效对接的"嘉兴模式"。

领域篇 >>
SECTOR
CHAPTER

第二章 创业投资①

作为机构投资者的资产类别,创业投资是独一无二的。

美国的创业投资

美国的创业投资起源于1946年美国研究发展公司（AR＆D）的创立,到20世纪70年代后半期,伴随着合伙制的确立与相关法律的完善,美国创业投资行业开始兴起,并成为推动中小企业创新创业的重要动力源泉。

中国的创业投资

相比而言,中国创业投资起步较晚,发端于20世纪80年代,2000年后,伴随着我国市场经济与金融市场的逐步完善,快速发展。

52%

今天,随着全球许多国家创业投资活动的兴起,美国当年投资在全球的创业投资份额有所下滑,由2014年的84%下滑到2019年的52%。但美国依然是公认的全球创业投资最发达的国家,无论是基金数量、规模,还是当年投资额,均居全球榜首。相比而言,我国创业投资从2015年起,在市场规模方面已超过欧洲各国和日本、以色列等国,成为仅次于美国的创业投资大国。我国创业投资具有明显的中国特色,与美国相比,主要差异表现在以下几个方面。

■■ 中国创投市场规模小于美国,但平均增速更为明显

据统计,截至2019年底,中国在营的专业化创投机构达到2 994家,其中,创业投资基金1 916家,创业投资管理机构1 078家;相比而言,美国创业投资机构3 539家,其中,创业投资基金2 211家,创业管理机构1 328家。总体来看,从2007年至今,中国创投机构数量的平均增长率为19.2%,而美国仅为3.0%。从发展态势来看,中国创投行业自2018年以来,受国际国内宏观环境影响,增速大幅放缓;而美国创投行业自2009年以来,延续了增长态势,创投市场持续活跃（见图2.1）。

---

① 中国创投数据主要来源于由科技部战略研究院组织开展的"中国创业投资年度调查数据",美国创投数据主要来源于美国创业投资协会提供的年度调查数据。

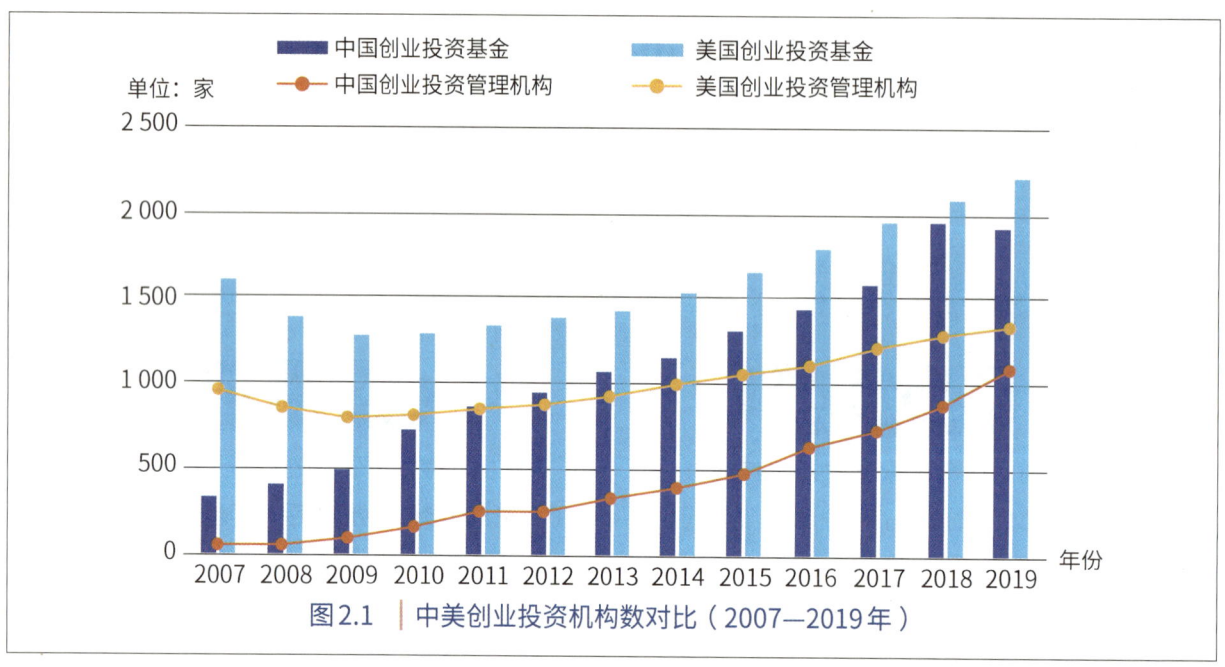

图2.1 | 中美创业投资机构数对比（2007—2019年）

从创业投资管理资本而言，截至2019年底，中国创业投资管理资本总量达到9 989.1亿元人民币，占GDP总量的1.01%；相比而言，同期美国创业投资管理资本总额为4 440亿美元，占GDP总量的2.07%。2007—2019年，中国创投管理资本平均增长率为24.7%，美国创投资本平均增幅为6.6%（见图2.2）。

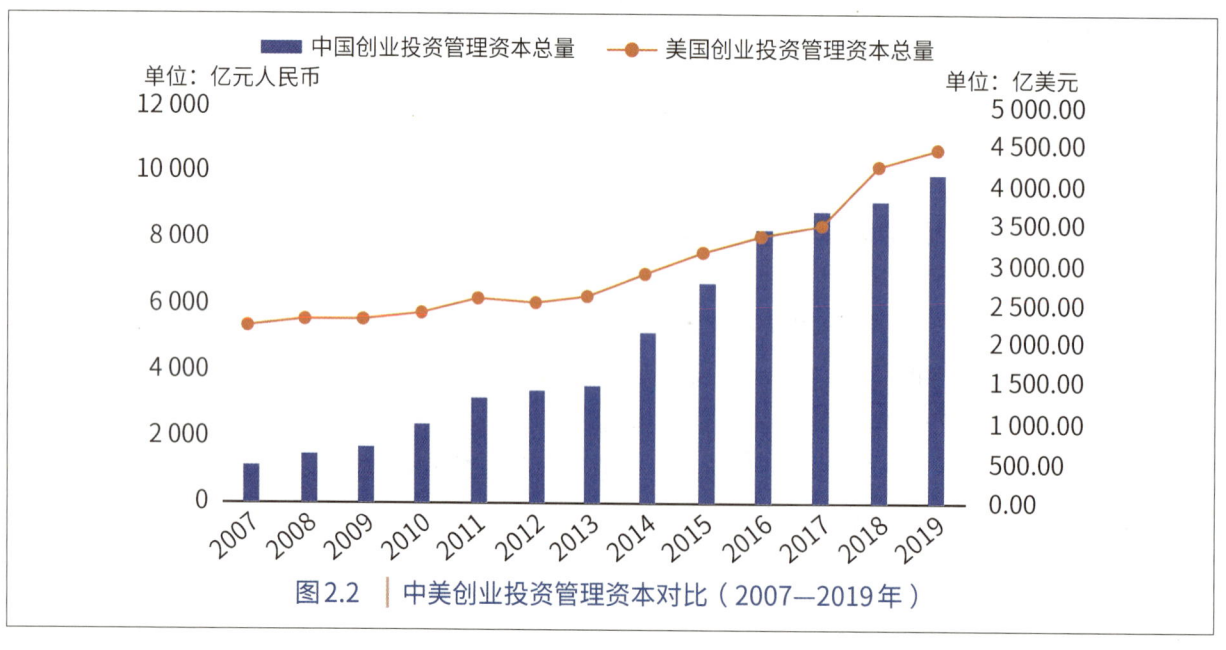

图2.2 | 中美创业投资管理资本对比（2007—2019年）

研究发现,中国创投行业经过10余年的快速发展,市场规模与美国日益接近,合伙制企业占比日益增多,管理方式与管理模式也更为趋同。

 **中国创业投资资本来源渠道主要以国有资本为主**

创业资本属于一种权益资本,一般以股权投资方式进行投资,因此,在相对较长的时期内不能变现,需要一个相对稳定的资金来源。中国的创投资本来源具有明显的中国特色,2000年以前,主要以国有创投为主,约占资本总量的80%。

近年来,随着行业的发展,创投资本来源日益多元化,但国有资本仍是其主要资金来源。2019年来源于国有独资投资机构(15.1%)、政府引导基金(8.7%)和其他政府财政资金(7.6%)的创投资本合计占比为31.4%。受近期相关政策影响,来自银行、保险、证券等金融机构的投资大幅下跌,合计仅占总资本来源的3.1%。此外,2019年高净值个人投资占比为6.2%(见图2.3)。

相比而言,美国创业投资的资本来源更加市场化,一直以各类基金为主,包括养老基金、退休基金和捐赠基金,其中,退休基金的比重最大。2019年,三者分别占资本来源的21.5%、25.2%和10.1%。此外,主要的投资者还包括银行控股公司(12%)、高净值人群(10%)、保险公司(7%)、投资银行(5%),以及非银行金融机构等(见图2.4)。

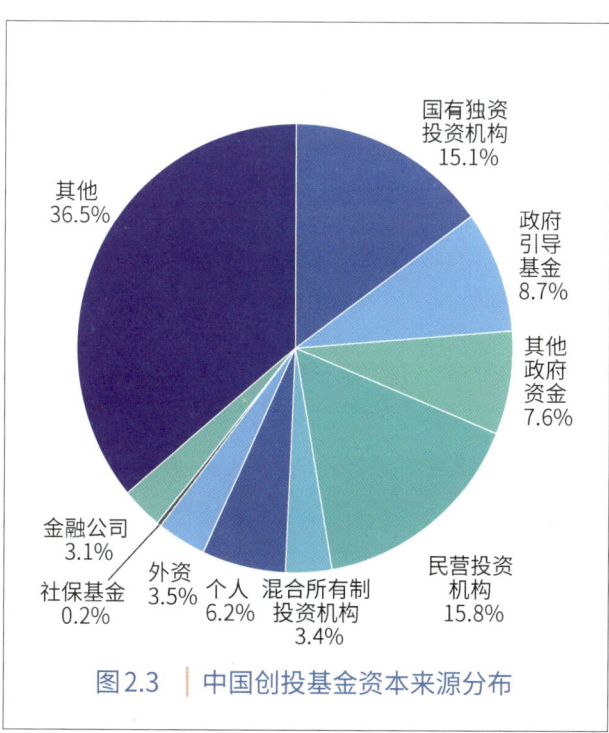

图2.3 | 中国创投基金资本来源分布

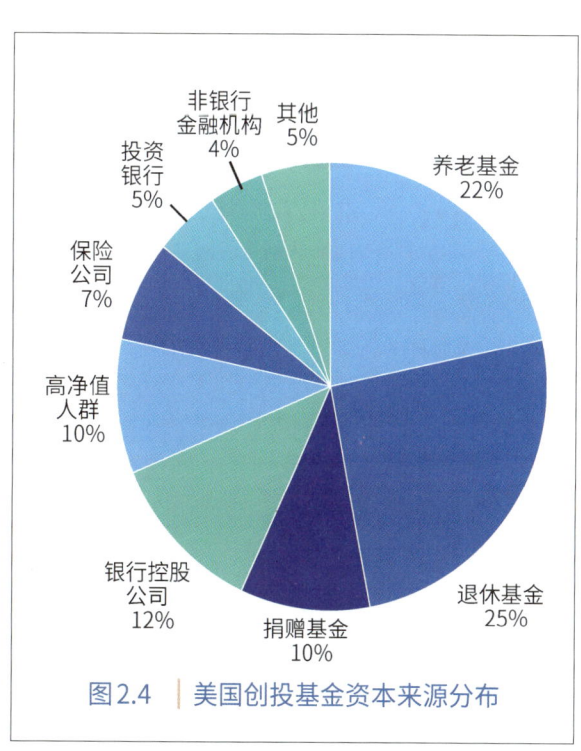

图2.4 | 美国创投基金资本来源分布

中国创业投资对高科技企业的投资效率有待提高

国际上通常通过投资强度（投资金额占GDP的比重）来比较创业投资行业的投资能力与效率。从我国发展的实际看，尽管创业投资行业募集了大量的创投资本，但投资额不到资本总量的1/10，投资强度与国外相比还有较大差距。统计显示，2019年中国创投市场披露的投资项目为3 015项，披露的项目投资金额为866.8亿元人民币，占全国GDP总量的0.09%，项目平均投资额为2 893万元人民币。相比而言，美国2019年共有10 430家公司获得1 330亿美元的融资，占GDP总量的0.62%，项目平均投资额为1 275万美元。这在一定程度上表明中国创投的投资能力还有待增强。

从投资的行业来看，中国在高新技术领域内的投资占比（约60%）小于美国（约80%），且行业分布较为分散，热点变化更为频繁。2019年，在中美贸易摩擦背景下，中国创投机构对以芯片为代表的高端制造业加速布局。当年投资最多的行业集中在半导体（8.5%）、传统制造（8.1%），以及医药保健（8.1%），IT服务业的投资金额和投资项目数量出现了明显下滑。相比而言，美国创投业一直坚持高科技领域的投资导向，主要投资于信息产业和生物科技等高科技领域。2019年，软件、网络产业继续占据美国创业投资的主导地位，投资在该领域的资金占总投资的33.6%；生命科学领域的投资活动继续呈上升趋势，投资逾220亿美元，占总投资的16.8%（见表2.1）。

表2.1	中美创投投资行业对比（2019年）	
	投资金额比重（%）	
投资行业	中　国	美　国
软件、网络产业	9.5	33.6
生物科技	3.7	12.5
医药保健	8.1	4.3
医疗服务系统	—	5.3
商业服务	—	10.5
消费产品和服务	2.2	4.7
计算机硬件产业	0.8	2.9
传播与文化娱乐	5.4	2.2
新能源、高效节能技术	7.2	1.1

（续表）

投资行业	投资金额比重（%）		
	中　国		美　国
半导体	8.5		
传统制造业	8.1		
新材料	6.1		30.6
金融保险	3.4		
其他行业	37.0		

数据来源：作者整理。

中国创业投资对早期项目的识别与挖掘能力有待加强

创业风险投资是一项长期投资，为　些最具创意和成功可能的公司提供资本和培育，通常以早期项目投资为主。研究表明，尽管投资于早期阶段的项目面临的风险可能更高，但由于介入期更早，企业的增值空间可能更大，因而获得的实际回报率更高。中国的创业投资经过 10 余年的发展，投资者日趋理性，早期投资逐年增长，2019 年投资于种子期和起步期的项目占比为 61.7%，金额占比为 50.4%，平均投资时间为 4.8 年。但我国的创业投资与美国相比仍然偏后端，对早期项目的挖掘能力有待增强。美国的创业投资者一直坚持长期投资，项目平均投资年限为 5 ～ 8 年，且投资于天使/种子和起步期的项目合计占比在 80% 左右（见图 2.5）。

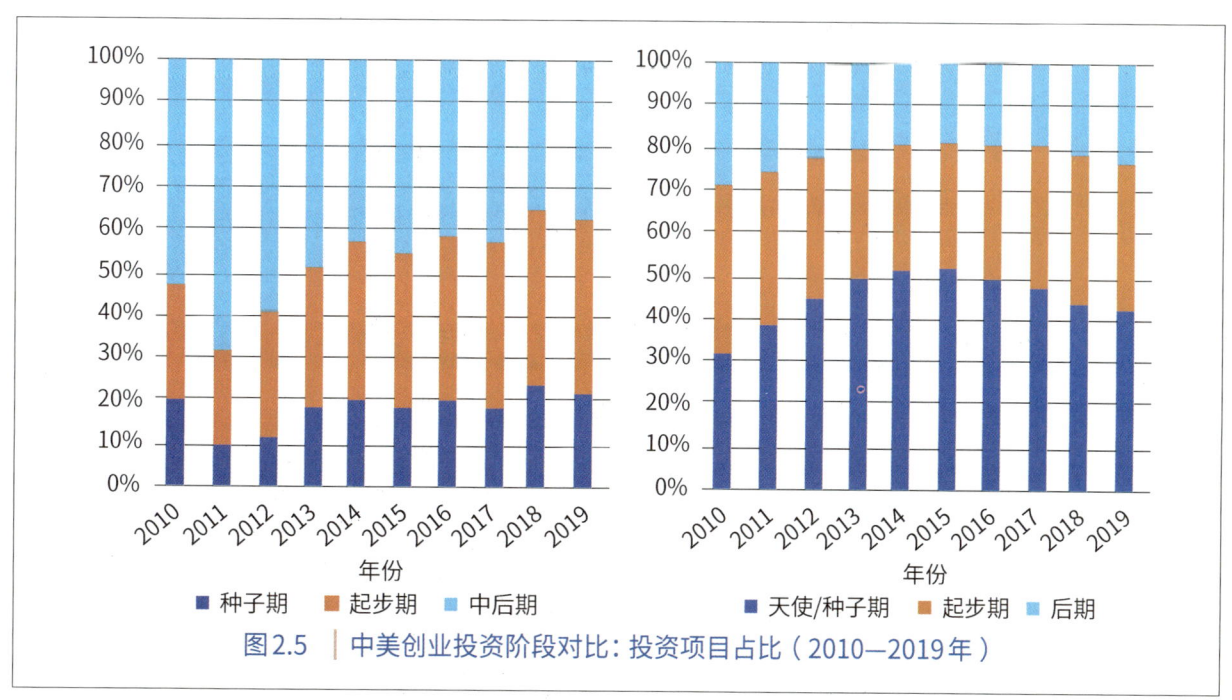

图 2.5 ｜ 中美创业投资阶段对比：投资项目占比（2010—2019 年）

 中国创业投资市场退出环境与绩效有待进一步提升

退出是创投获得收益的主要方式,在中美两国同样面临挑战。2019年,受益于中国资本市场的逐步完善与科创板的设立,中国创投业披露IPO退出项目125项(占全年IPO的61.6%),占全部退出项目的16.8%;并购退出交易262项,占比为27.4%;回购和清算的项目占比为53.3%。总体而言,中国创投业以追求IPO高回报项目为目标,项目投资较为靠后,并购退出交易项目数量有限,且整体投资成功率偏低,回购和清算项目占比超过半数。相比而言,美国创投业一直以并购退出为主,通过大企业对初创企业的兼并收购获得收益,实现企业的滚动式发展。美国的大企业为初创公司提供人才和技术的持续发展机会;作为回报,大企业从创业公司的技术创新和运营调整中受益。2019年,美国创投通过并购退出完成的交易共836起,占退出项目的58.1%;IPO项目82起(占全年IPO的43%),占比为5.7%;回购与清算项目占比为36.2%(见表2.2)。

表2.2	中美创投退出方式及项目数情况对比(2019年)			
	中　　国		美　　国	
	项　目　数	占比(%)	项　目　数	占比(%)
上市(IPO)	125	16.8	82	5.7
并购	262	27.4	836	58.1
回购	404	42.3	520	36.2
清算	105	11.0		
其他(含新三板)	59	2.5		
合计	955	100	1 438	100

数据来源:作者整理。

 中国创业投资的政策监管环境有待进一步改善

我国创业投资相关法律建设滞后

总体而言,我国的创业投资相关法律建设滞后。1997年,《证券投资基金管理暂行办法》颁布;2003年,《证券投资基金法》的颁布为我国证券基金的发展奠定了基础;《中华人民共和国证券投资基金法(2015年修订)》进一步完善了基金监管;但相关政策主要以证券投资和私募股权基金为主,对于创业投资行业的监管缺乏相关依据。同时,由于对创投行业的监管职责分工不明确,存在政策制定冲突与多头监管现象;由于对行业属性认识不清,一定程度上造成了业内发展的制度障碍。2016年,国务院发布《关于促进创业投资持续健康发展的若干意见》(国发〔2016〕53号),提出要"进一步完善促进创业投

资发展相关法律法规,研究推动相关立法工作,推动完善公司法和合伙企业法。完善创业投资相关管理制度,推动私募投资基金管理暂行条例尽快出台,对创业投资企业和创业投资管理企业实行差异化监管和行业自律",为规范促进行业发展指明了道路。

美国创投行业的政策监管环境更加包容

相比而言,美国创投行业的政策监管环境更加包容。美国实行的是分业监管体制,对于私募基金(包括对冲基金和私募股权基金)而言,相关法律主要包括1933年的《证券法》、1934年的《证券交易法》、1940年的《公司投资法》和《投资顾问法》,同时和募基金还受各州《蓝天法》(Blue Sky Law)监督。2007年以前,私募股权基金(包括创业投资在内)基本不在监管之列,豁免监管的范围涵盖了基金设立、管理机构(团队)、投资份额转让以及对投资者信息披露等各个方面。美国的监管当局认为,私募基金是市场自发的金融创新,可以显著地提高市场配置资源的效率,应该得到政府的支持,不要随意对这个市场新兴的领域加强监管,从而防止创新的活力被政府金融监管法规所遏制的局面出现;主张私募基金应由市场机制自发地加以调节,对于是否登记于证券交易委员会(SEC)纯属自愿,不是强制性要求。2007年金融危机后,美国国会及政府部门意识到长期处于无监管状态使得私募基金行业隐藏了系统性风险,遂在2010年通过的《多德-弗兰克华尔街改革和消费者保护法》中加强了对私募基金行业的监管,法案要求大型(资产规模超过1 000亿美元)的对冲基金、私募股权基金及其他投资顾问机构,在美国证监会(SEC)登记,披露交易信息,并接受定期检查;而对于资产规模在1 000亿美元以下的创业投资基金,由于其不涉及杠杆、投资锁定期较长、流动性不敏感等特有属性,仍然豁免监管。

第三章　商业银行

中央政府高度重视推动银行贷款支持科技创新，人民银行和银保监会制定政策推动银行支持科技企业和创新。科技部、国家知识产权局等部门和金融部门合作，促进银行研发推出包括知识产权质押贷款、投贷联动在内的金融产品。地方政府和银行合作，采用风险补偿、担保、贴息等方式鼓励银行支持本地的实体经济和高科技企业。

 **中央政府部门推动银行支持科技企业和创新**

国务院金融稳定发展委员会重视中小企业融资难、融资贵问题

2020年1月，国务院金融稳定发展委员会召开第十四次会议，研究缓解中小企业融资难、融资贵问题，提出：围绕疏通货币政策传导机制，综合运用多种货币信贷政策工具，实行差异化监管安排，完善考核评价机制，对金融机构履行好中小企业金融服务主体责任形成有效激励；多渠道补充中小银行资本金，促进提高对中小企业信贷投放能力；要继续完善政府性融资担保体系，加快涉企信用信息平台建设，拓宽优质中小企业直接融资渠道，切实缓解中小企业融资面临的实际问题。

中国人民银行采取降低银行准备金率和再贷款方式支持中小企业发展

中国人民银行采取降低银行准备金率和再贷款方式，推动银行增加贷款数量，支持包括科技型中小企业在内的中小企业发展。

中国人民银行运用降准、降息、再贷款等手段促使银行资金支持实体经济，特别是中小微企业。

央行决定，从2019年5月15日起，对聚焦当地、服务县域的中小银行，实行较低的优惠存款准备金率；对仅在本县级行政区域内经营，或在其他县级行政区域设有分支机构但资产规模小于100亿元的农村商业银行，执行与农村信用社相同档次的存款准备金率，目前是8%。约有1 000家县域农商行可享受该优惠政策，可释放长期资金约2 800亿元。

再贷款成为疫情防控期间宏观政策"工具箱"中被反复使用的"工具"。2020年1月，央行设立3 000亿元专项再贷款，2月新增5 000亿元再贷款再贴现额度，再到新增1万亿元再贷款再贴现额度。截至2020年4

月，3 000亿元专项再贷款已支持6 158户企业，大多数都是生产医疗物资等的重点保供企业；5 000亿元再贷款再贴现额度累计帮助了超过42万户企业，大部分是中小微企业。

中国银保监会和国家知识产权局等联合推动知识产权质押融资在全国开展

2019年8月，中国银保监会和国家知识产权局等制定《关于进一步加强知识产权质押融资工作的通知》（银保监发〔2019〕34号），要求优化知识产权质押融资服务体系，支持商业银行建立专门的知识产权质押融资管理制度，具体包括以下几点：

1 大型银行、股份制银行应当研究制定知识产权质押融资业务的支持政策，并指定专门部门负责该项工作。

2 鼓励商业银行在风险可控的前提下，通过单列信贷计划、专项考核激励等方式支持知识产权质押融资业务发展。

3 支持商业银行建立适合知识产权质押融资特点的风险评估、授信审查、授信尽职和奖惩制度，创新信贷审批制度和利率定价机制。

4 鼓励商业银行对企业专利权、商标专用权、著作权等相关无形资产进行打包组合融资。

5 鼓励商业银行建立针对企业科技创新能力的评价体系。

6 支持商业银行与知识产权密集型产业园区开展战略性合作。

7 增加风险容忍度，银行知识产权质押融资不良率高出自身各项贷款不良率3个百分点（含）以内的，可不作为监管评级和内部考核的扣分因素。

8 鼓励保险机构在风险可控的前提下，开展与知识产权质押融资相关的保证保险业务。

中国银保监会专门出台文件推动银行开展科技金融业务

中国银保监会专门出台《中国银保监会关于推动银行业和保险业高质量发展的指导意见》（银保监发〔2019〕52号），提出要完善服务实体经济和人民群众生活需要的金融产品体系，支持开发适合科技创新的金融产品，措施包括：

（1）积极开发支持战略性新兴产业、先进制造业和科技创新的金融产品。鼓励银行业金融机构结合科技企业特点发展科技金融业务，稳妥开展外部投贷联动。支持银行业金融机构向科技企业发放以知识产权为质押的中长期技术研发贷款，试点为入选国家人才计划的高端人才创新创业提供中长期信用贷款。

（2）支持银行与国家融资担保基金、国家农业信贷担保联盟开展合作，明确风险分担比例，降低担保费用和企业融资成本。

科技部和国家邮政储蓄银行签署合作协议，推动科技金融的开展

2020 年 1 月，科技部和国家邮政储蓄银行签署《科技金融战略合作协议》，采取多项合作机制推动科技与金融结合。

01	**02**	**03**	**04**	**05**
建立科技金融合作机制，由科技部资源配置与管理司和邮储银行总行小企业金融部负责具体联系和工作协调。	共同推动建立多元化融资渠道。邮储银行对符合基本条件的单位给予一定的利率优惠，对地方科技部门推荐的重大科技创新项目建立"绿色通道"。	加强资源整合力度，综合发挥政策推动和金融服务优势，共同做好高新技术企业和科技型中小企业的金融支持工作。	邮储银行分支机构在科技园区内设立科技特色支行，并研究出台差异化考核机制的指导意见。	科技部会同邮储银行建立科技金融改革探索的"试验田"，开展科技金融改革创新探索。

科技部推动科技成果转化贷款风险补偿试点的开展

科技部印发的《关于科技创新支撑复工复产和经济平稳运行的若干措施》（国科发区〔2020〕67 号）专门提出了利用科技金融来促进科技型中小企业创新发展的举措建议，其中包括研究推动科技成果转化贷款风险补偿试点，引导地方政府和商业银行积极支持科技型中小微企业发展。

地方政府和金融机构大力推动银行贷款支持高科技企业

地方政府促进银行支持科技企业

北京市推动金融支持制造业高质量发展

中国人民银行营业管理部联合北京银保监局等部门制定《金融支持北京市制造业高质量发展的指导意见》，从金融供给侧角度聚焦重点，加强对制造业科技创新、转型升级和科技型中小制造企业的金融支持。

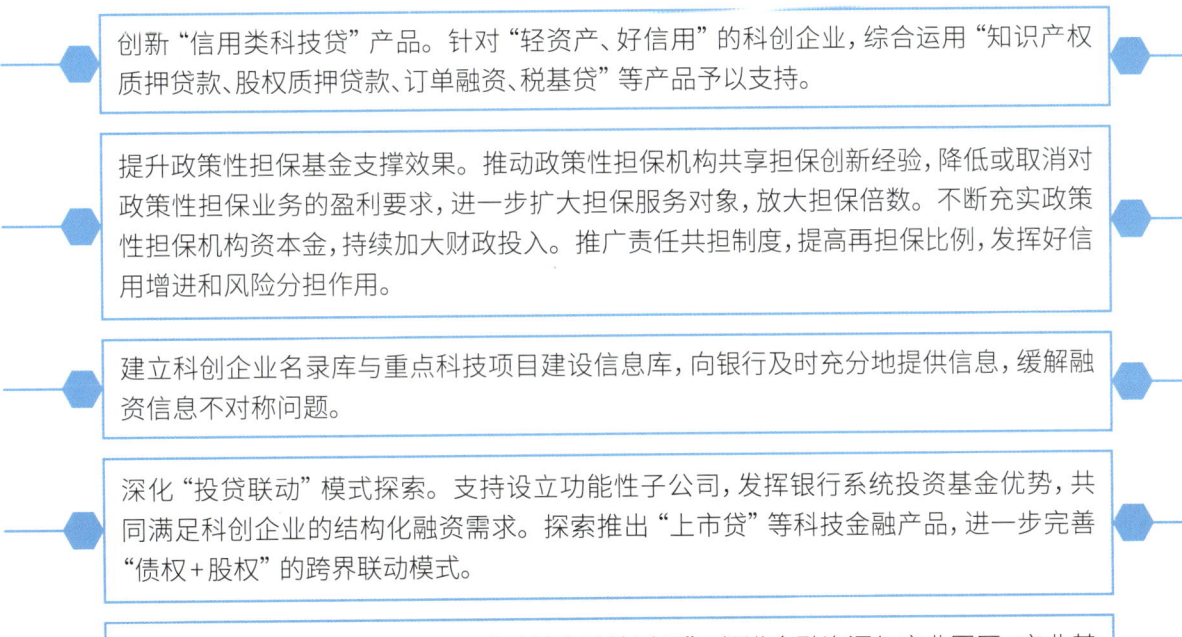

| 指导意见 |
| 结构引导，充分发挥货币信贷政策的导向作用 | 体系支撑，推进与制造业高质量发展相适宜的组织体系建设 | 机制创新，发展符合制造业高质量发展的信贷机制和产品体系 | 丰富产品，进一步发挥保险市场对制造业转型升级的促进作用 |

金融支持长三角G60科创走廊先进制造业

中国人民银行上海总部倡议长三角G60科创走廊九城市（上海、嘉兴、杭州、金华、苏州、湖州、宣城、芜湖、合肥）及工商银行等12家银行联合发布《金融支持长三角G60科创走廊先进制造业发展综合服务方案》，通过完善金融服务方式，重点支持长三角G60科创走廊重大科技创新及研发项目，聚焦人工智能、集成电路、生物医药、高端装备、新能源、新材料、新能源汽车这七大领域的科创企业与制造业企业，主要措施如下：

创新"信用类科技贷"产品。针对"轻资产、好信用"的科创企业，综合运用"知识产权质押贷款、股权质押贷款、订单融资、税基贷"等产品予以支持。

提升政策性担保基金支撑效果。推动政策性担保机构共享担保创新经验，降低或取消对政策性担保业务的盈利要求，进一步扩大担保服务对象，放大担保倍数。不断充实政策性担保机构资本金，持续加大财政投入。推广责任共担制度，提高再担保比例，发挥好信用增进和风险分担作用。

建立科创企业名录库与重点科技项目建设信息库，向银行及时充分地提供信息，缓解融资信息不对称问题。

深化"投贷联动"模式探索。支持设立功能性子公司，发挥银行系统投资基金优势，共同满足科创企业的结构化融资需求。探索推出"上市贷"等科技金融产品，进一步完善"债权+股权"的跨界联动模式。

提升科技金融服务站功能，培训"科创金融特派员"，促进金融资源与产业园区、产业基地等科创资源对接，推动金融机构精准服务。

江苏省推动银行业支持全省制造业高质量发展

2020年6月，中国银保监会江苏监管局制定了《关于银行业和保险业支持全省制造业高质量发展的指导意见》（苏银保监发〔2020〕44号），引导江苏省内银行业和保险业立足省情，聚焦重点领域和关键环节，助力加快构建自主可控的先进制造业体系，全面提升金融服务制造业高质量发展质效。支持措施如下：

支持措施

实行政策倾斜，优化配置各项资源。建立涵盖"专项信贷规模支持、专属客户评价体系、专项考核激励机制和专业经营管理团队"的"四专机制"。

科学匹配信贷期限，优化担保措施，合理控制融资成本。支持银行机构向科技企业发放以知识产权为质押的中长期研发贷款。合理利用贷款风险补偿机制和政府性融资担保、再担保风险分担功能，降低担保费用和企业融资成本。

创新产品服务，匹配多元融资需求。银行机构针对研究开发与企业特点和需求相匹配的金融产品，推出"知识产权质押""股权质押""税基贷"、投贷联动等产品/服务，支持科技创新企业发展。

■ 地方银行和政府合作推动科技金融的发展

云南省农行和省科技厅合作推出"科创贷"产品

科创贷　　农业银行云南省分行与省科技厅合作，利用省科技厅4 600万元科技金融政府风险补偿基金增信，对接农行的"科创贷"产品。截至2019年4月末，累计发放"科创贷"4.55亿元。

吉林省利用应收账款融资助力中小企业健康发展

人民银行长春中心支行制定"123"专项行动方案，推动应收账款融资业务开展，缓解中小企业融资难、融资贵问题。

"1"是突出一个点，即确定吉林市为吉林省小微企业应收账款融资重点推进城市。

"2"是建立联动协调和监测考核两大机制，保障政策有效落地实施。

"3"是推进实现三大攻坚目标，即：推动核心企业与人民银行征信中心应收账款融资服务平台系统对接；推进"订单金融"工作，加大对新型农业经营主体、农户特别是贫困地区"三农"经济主体的支持力度；探索开展基于政府采购的小微企业应收账款融资业务。

青岛市创新科技金融联动模式

针对科技型小微企业缺少抵质押品、高风险、高收益的特点，人民银行青岛市中心支行会同市科技局创设科技金融"投保贷"融资模式，引入高风险偏好的创投机构，降低银行机构信贷风险，有效缓解了科技型小微企业的融资难题。

天津市推动科技金融专营机构和专业服务平台建设

截至2020年3月末，天津市共设立32个科技金融专营机构，初步搭建起比较完善的科技金融服务体系。例如，浦发银行天津分行成立科技金融服务中心，专营科技型企业客户，对科技企业项目"专人专审专批"，目前服务科技型企业客户3 900余户。

美国银行支持科技创新和中小企业的做法

与中国采取政府出资设立风险补偿资金、降低准备金率、再贷款和担保等促进银行支持科技创新和中小企业的方式不同，美国政府采取构建以美国小企业管理局（SBA）提供的信用担保为主体、以州政府和社区的区域性信用担保为辅助的信用体系，为小企业提供贷款信用担保，鼓励银行放贷。

 美国小企业管理局的信贷政策

美国政府自1953年设立小企业管理局，作为专门服务和支持小企业发展的政府机构。各州设立小企业办公室作为地方政府职能机构，执行和实施美国小企业管理局以及州政府的小企业政策。美国小企业管理局和地方小企业办公室的职能之一就是帮助小企业获得政府贷款。

美国小企业管理局制定了贷款担保计划，主要包括为小企业提供贷款担保的7（A）贷款担保计划，为成长中的企业用于购置土地和建筑等固定资产提供贷款的504（CDC）贷款计划，以及向小企业提供不超过3.5万美元的小额贷款计划。

7（A）贷款担保计划即美国小企业管理局为借款人提供一定比例的担保。小企业获得10万美元以下贷款，美国小企业管理局可以担保80%；对于10万美元以上的贷款，可以担保75%。美国小企业管理局担保额度最高是75万美元。在不超过担保总额的情况下，借款人可申请多个SBA担保贷款。流动资金担保期一般为5～10年，购买设备最多担保25年。贷款利率由小企业同贷款银行协商，一般是基准利率上调2.25%。

美国各州政府都为辖区内小企业融资提供担保和直接融资。如加利福尼亚州政府设立小企业扩展基金，由加州小企业融资中心负责与金融发展公司合作，为小企业提供贷款担保和直接贷款。2014—2018年，加州为小企业贷款担保4.5亿美元，支持国家小企业贷款计划担保为2.65亿美元。

■ 美国商业银行对中小企业的支持

美国部分商业银行开发无抵押、弱抵押或者知识产权质押贷款。比如，富国银行根据新经济的特点，为成长性较好、具备跳跃式发展态势的高新技术企业提供无抵押的循环贷款，可以快速满足企业的资金需求，并且支付方式相对灵活。富国银行在为高科技小微企业提供融资服务时，与美国小企业管理局合作，对符合小企业署标准的小企业发放贷款。同时，对于低盈利的小微企业和新企业，富国银行仅提供被美国小企业管理局担保的融资服务。这样，当企业经营出现风险贷款损失时，富国银行可以收回80%左右的本金。

硅谷银行根据新兴高科技企业缺少固定资产但专利技术较多的特点，开发知识产权质押贷款业务，为企业提供更加便捷的服务。硅谷银行以"跟贷+投资选择权"的模式，对企业提供贷款，进而形成股权投资和银行信贷联动。

第四章　科技保险

■ 国内科技保险发展概况

2007年，科技部和原中国保监会下发了《关于开展科技保险创新试点工作的通知》（国科办财字〔2007〕24号），标志着我国科技保险制度正式启动。回顾10多年的发展历程，科技保险经历了从无到有、从试点推广到深化发展，再到全面升级这三个阶段。

■ 试点启动阶段（2006—2011年）

科技保险的提出始于2006年国务院发布的《国家中长期科学与技术发展规划纲要（2006/2020）》及其配套政策，其中明确提出：鼓励保险公司加大产品和服务创新力度，为科技创新提供全面的风险保障。

2007—2008 年

2007—2008年，科技部和原保监会联合发文批准中国出口信用保险公司、华泰财产保险股份有限公司、中国平安养老保险公司、中国人民财产保险股份有限公司（以下简称"人保财险"）等保险公司作为首批取得科技保险试点经营资格的公司，并将高新技术企业产品研发责任保险、高新技术企业关键研发设备保险、高新技术企业营业中断保险、高新技术企业财产保险、高新技术企业产品责任保险、高新技术企业产品质量保证保险、高新技术企业董事会监事会高级管理人员职业责任保险、高新技术企业雇主责任保险、高新技术企业高管人员和关键研发人员团体健康保险、高新技术企业高管人员和关键研发人员团体意外保险、高新技术企业环境污染责任保险、高新技术企业专利保险、高新技术企业小额贷款保证保险、高新技术企业项目投资损失保险等险种作为科技保险经营险种，将险种保费支出纳入企业技术开发费用，享受国家规定的税收优惠政策，鼓励保险公司加大科技保险产品和服务创新力度，为科技创新提供全面的风险保障。

2008—2011 年

2008—2011年，科技保险在北京、天津、重庆、深圳、武汉、苏州高新区、成都、上海、沈阳、无锡、西安国家高新区和合肥国家高新区等全国12个试点地区进行了试点推广实践，各地和各机构对科技保险的认识得以提高，积累了经验，越来越多的地方和机构参与到科技保险中来。科技企业购买科技保险专属产品，可以在科技保险试点地区获得保费的地方财政补贴。

深化发展阶段（2011—2014年）

基于科技保险的良好试点推广效果，2011—2014年，在科技部、国家知识产权局等相关部委的政策支持下，科技保险相关领域，包括知识产权保险和首台（套）重大技术装备保险迎来了发展机遇期。科技保险的内涵进一步扩大，科技保险工作正式进入深化发展阶段。

在知识产权保险领域，为积极响应国家知识产权战略的实施有以下举措：

2010年 自2010年开始，信达财险、人保财险、太平洋财险等国内保险公司积极开展知识产权保险的实践探索。

2011年 2011年，国家知识产权局正式委托人保财险开展知识产权专利保险产品研发和运营推广工作，借助保险机制保护科技创新型企业的无形资产和智力成果。

2014年 2014年7月，国家知识产权局与人保财险签署《知识产权保险战略合作协议》，双方合作共同构建与我国经济社会发展需求相适应的知识产权保险服务体系。

2015年 2015年，中共中央发布的《关于深化体制机制改革加快实施创新驱动发展战略的若干意见》（中发〔2015〕8号），也明确提出加快发展科技保险，推进专利保险试点。

在首台（套）重大技术装备保险领域，2014年，科技部等六部委联合下发《关于大力推进体制机制创新扎实做好科技金融服务的意见》（银发〔2014〕9号），鼓励保险公司创新科技保险产品，明确提出"加快制定首台（套）重大技术装备保险机制的指导意见"的要求。为首台（套）重大技术装备保险奠定了政策基础。各地逐步探索适合本地区的科技保险发展模式，比如北京中关村启动了首台（套）重大技术设备示范项目保险补偿机制，对科技保险给予财政资金保费补贴等优惠，并设计开发了首台（套）重大技术设备关键技术知识产权抵押贷款保证保险和首台（套）重大技术设备专利执行保险两个创新险种。

全面升级阶段（2014年至今）

2014年8月，国务院下发《关于加快发展现代保险服务业的若干意见》（国发〔2014〕29号）（简称新"国十条"），并针对科技保险明确提出要"建立完善科技保险体系，积极发展适应科技创新的保险产品和服务"。2016年，科技部、财政部、国家税务总局以国科发火〔2016〕32号印发修订后的《高新技术企业认定管理办法》，明确将电子信息、生物与新医药、航空航天、新材料、高技术服务、新能源与节能、资源与环境、先进制造与自动化八大领域，作为国家政策重点支持的科技创新新兴产业。

新"国十条"的出台，以及国家对于政策重点支持的科技新兴产业的认定，使得我国科技保险的外延进一步拓展。国内各家保险公司在前期开展政策性科技保险业务的基础上，积极开展商业性科技保险创新工作，研发推出了众多科技创新细分领域专属创新型保险产品，如首台（套）保险、新材料保险、云计算保险、生命科学保险、机器人保险等，不断将科技保险产品创新延伸到产业链的上下游，不断开拓科技保险业务的行业覆盖广度，逐步提升科技保险业务的专业深度，促进产品研发向综合风险保障升级，构筑起政策性业务与商业性业务共同发展的新局面，对提升科技产业竞争力、完善国家创新体系建设具有重要的影响和作用。

在国家的高度重视和支持下，在国内保险行业的不断探索和积极实践中，我国科技保险从前期的以政策扶持为主的发展阶段，逐步向市场化、商业化运作过渡。目前，国内一些主要的保险公司从全面满足科技企业在科技研发、知识产权成果转移转化以及产业转型升级等科技创新过程中的风险需求出发，围绕科技型企业发展的种子期—初创期—成长期—成熟期的全生命周期，构筑了"基本保障+金融保障+产业专属保障"三层次的科技保险体系，为科技企业提供一揽子综合风险和金融解决方案。

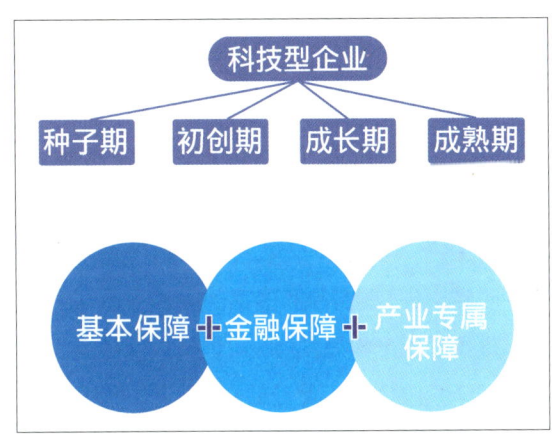

第一层次"基本保障"是为科技企业的财产、责任、人员、知识产权等有形、无形资产提供传统的风险保障。这一层次保险的特点是科技企业的普惠型险种，主要满足科技企业共性化的风险保障需求，在多数地区享受政府保费补贴和税收优惠，按照政策性险种进行运营。

第二层次"金融保障"是利用保险风险保障和信用背书的功能，以及保险资金的运用，助力企业融资，为企业提供综合金融服务。如人保财险公司在苏州首创国内科技企业融资贷款"政融保"模式，在企业融资业务中引入"投贷保联动"的险资直投模式，打破投资、保险、信贷各自为政、缺乏联动的局面，解决中小型企业"融资难、融资贵"的问题，实现保险资金对实体经济发展的支持。

第三层次"产业专属保障"是结合不同细分领域科技新兴产业发展过程中个性化的风险特点和需求,为科技型企业提供定制化的专属保障。如2019年,人保财险公司通过"科技项目研发费用损失保险",为南京曜生和医药科技有限公司的差异化仿制药项目提供保险,保障医药公司科技项目由于研发的不确定性导致无法按照立项预算完成时可能损失的研发费用,从而降低企业的研发风险,为企业成果转化保驾护航。

知识产权质押融资

2019年,为全面贯彻党中央、国务院关于扩大知识产权质押融资的决策部署,银保监会、国家知识产权局、国家版权局联合印发《关于进一步加强知识产权质押融资工作的通知》;同时,银保监会、国家知识产权局联合召开双方全系统知识产权质押融资经验交流会,深入推进知识产权质押融资工作,积极支持创新创业。围绕"强化知识产权创造、保护、运用""建设知识产权强国""加强知识产权金融服务",保险行业积极响应党中央、国务院和国家部委的号召,加大推进知识产权保险及知识产权质押保险创新力度。人保财险与国家知识产权局续签《知识产权保险战略合作协议》,围绕推动知识产权保险产品创新实验室建设、推进知识产权质押融资保证保险、推进保险资金直接投资小微企业、健全知识产权保险工作及服务体系和开展知识产权保险宣传培训和需求调研五个方面,进一步拓宽合作的深度和广度。同时,为鼓励科技企业创新创业,为"双创"保驾护航,浙江等地区试点推出了政保合作"人才创业保险",探索从根本上解决高层次人才在当地创业、生活的后顾之忧。人保财险、太平洋财险分别推出科研保、创客保、科创E保等产品,重点为海内外高层次人才及所在科技企业或项目研发及研发团队生活经济补助提供保险保障。

国外科技保险基本情况

科技保险

国外并无"科技保险"这一概念,但以美国为代表的一些发达国家在面向科技企业的相关领域进行了大胆的创新和尝试,积累了一定的实践经验。

与中国科技保险模式不同,美国针对科技企业的保险采用纯商业模式开展,其运行模式是完全自发、自愿的市场模式,没有政府介入。美国在通过商业保险手段帮助科技企业转移技术创新活动风险方面,主要采用两种方式:一种方式是提供单独险种规避技术创新活动中特定的风险,如美国的知识产权保险可以转移侵权风险,过失与疏忽保险可以转移责任风险,等等;另一种方式是向某一类从事特定范围的技术创新活动的行业提供专属保险服务,如美国丘博保险集团向电子信息行业、生命科学等行业提供定制的保险解决方案。

■ 知识产权保险

知识产权保险

美国是知识产权保险的发源地。由于公众法律意识强烈,保险市场发达,美国市场上存在着种类繁多的知识产权保险产品,既有比较单一的保险产品,也有综合性知识产权保险产品。其中,单一性、专门性保险产品以专利保险产品为主,包括防御性的(应诉)和主动实施、维权性的专利保险产品。

部分保险公司推出的综合性知识产权保险主要有两类:知识产权执行保险和知识产权侵权保险。而承保范围全面涵盖专利侵权、商标侵权和版权侵权(责任)风险的综合性知识产权保险,能吸引更多知识产权保险的需求主体。此外,除了传统的知识产权保险产品,近年来美国市场上还出现了知识产权净损失保险、知识产权融资保险等新类型的产品。

■ 为特定行业提供定制化保险

美国保险业还针对某些特殊行业(如电子信息行业、生命科学行业)提供定制化保险组合产品,以更好地满足其保险需求。例如:美国丘博保险集团将生命科学行业作为一个专业细分市场,为生命科学行业的上下游企业如药物和医疗设备制造商、临床试验外包机构、经销商等提供综合性保险保障计划。其中包括企业财产保险、营业收入保险(包括营业收入、额外费用和研发收入保险,以及保障被保险人的新产品未能及时市场化而遭受的损失),以及责任保险(企业办公场所和运营责任、生命科学产品完工责任、广告伤害和个人伤害、错误与疏漏责任)等。

第五章　多层次资本市场

■■ 中国多层次资本市场的建设

2019年,中国资本市场继续推动改革,最大的变化是新推出了科创板,并实施了一系列改革。至此,中国的资本市场形成了主板、中小板、创业板、科创板、新三板和区域股权交易市场在内的多个板块,市场分层更加清晰。其中,上海证券交易所和深圳证券交易所包含的5个板块均具备公开发行股票的功能,但是服务对象有所不同:其中,主板为第一层次,主要服务于成熟企业;中小板、创业板和科创板为第二层次,主要服务于高成长企业;新三板和区域股权市场为第三层次,属于场外交易市场(见图5.1)。

> 主板
>
> 中小板、创业板、科创板
>
> 新三板、区域股权市场
>
> **图5.1 | 多层次资本市场**

■ 第一层次:主板市场

中国的主板市场指上海证券交易所主板市场和深圳证券交易所主板市场。截至2019年底,主板市场共有上市公司2 016家,其中,上交所1 545家,深交所471家,主板上市公司总市值达到42.426 8万亿元,平均每家公司市值超过210亿元,其中,在上海主板上市的公司平均市值更高。

■ 第二层次:高成长市场

深交所中小板	深交所创业板	上交所科创板
2004年推出的中小板,是我国证券市场推出的第一个特色板块,主要服务于中小企业。截至2019年底,在中小板上市的企业达到943家,总市值达到9.868 1万亿元,平均每家公司市值接近105亿元,恰好是主板上市公司的1/2。	2009年,深圳证券交易所推出创业板,截至2019年底,在创业板上市的企业达到791家,总市值6.134 8万亿元,平均每家公司市值接近77亿元,约为主板上市公司的1/3。	2019年,上海证券交易所推出科创板,这是上海证券交易所建立以来首次推出新的上市企业板块,也是中国资本市场首次实行注册制。截至2019年底,科创板上市公司共70家,总市值8 638.64亿元,平均每家公司市值约为123亿元,高于中小板和创业板上市公司。

■ 第三层次：场外市场

一是新三板。与第一、第二层次资本市场不同，新三板主要是为非上市企业股权交易提供合法的交易场所。新三板从最早的中关村股权代办转让系统，逐步向国家自主创新示范区推广，后推广到全国，是目前我国唯一的全国性非上市公司股份代办转让系统。截至2019年底，新三板挂牌公司共8 953家，总市值2.94万亿元，平均每家公司市值约为3亿元，远低于上海证券交易所和深圳证券交易所公开发行上市公司的市值。2019年，新三板推出一系列制度改革，涉及发行制度、分层制度和投资者适当性等方面。根据改革方案，新三板新增公开发行主体为在新三板挂牌满1年的创新层公司，并满足精选层入层的相关标准，但不设置盈利标准；相应地，新三板也对定向发行制度进行了改革，最重大的变化在于取消单次融资新增股东35人的限制，允许小额融资实施自办发行，这为提高融资效率、降低融资成本提供了基础。此外，新三板在创新层的基础上推出精选层，精选层以市值为核心标准，盈利能力、成长性、市场认可度、研发能力等维度的标准低于科创板、创业板上市标准，而在精选层挂牌满1年的企业可申请转板上市；在投资者适当性方面，改革方向为适当降低投资者门槛，并对精选层、创新层和基础层分别设置投资者准入标准；而允许QFII、RQFII投资新三板挂牌股票也有利于活跃市场。

二是区域股权市场。区域股权交易市场是较新三板层次更低的场外交易市场，其主要功能是为区域内企业提供股权交易和挂牌展示服务。中国主要省份和计划单列市均设立了区域股权交易市场，挂牌企业数万家。区域股权市场挂牌企业规模远远小于普通上市公司，也普遍小于新三板挂牌公司。2019年，证监会公布了第三批4家区域性股权市场运营机构备案名单，加上此前的2批机构，目前在证监会备案的区域股权市场运营机构共计34家（见表5.1）。

表5.1	区域股权市场及运营机构		
地　区	区域股权市场	区域性股权市场运营机构名称	备案批次
山　西	山西股权交易中心	山西股权交易中心有限公司	第三批
吉　林	吉林股权交易所	吉林股权交易所股份有限公司	第三批
黑龙江	哈尔滨股权交易中心	哈尔滨股权交易中心有限责任公司	第三批
贵　州	贵州股权交易中心	贵州股权交易中心有限公司	第三批
天　津	天津滨海柜台交易市场	天津滨海柜台交易市场股份公司	第二批
浙　江	浙江股权交易中心	浙江股权交易中心有限公司	第二批
山　东	齐鲁股权交易中心	齐鲁股权交易中心有限公司	第二批

（续表）

地 区	区域股权市场	区域性股权市场运营机构名称	备案批次
河 南	中原股权交易中心	中原股权交易中心股份有限公司	第二批
湖 北	武汉股权托管交易中心	武汉股权托管交易中心有限公司	第二批
广 东	广东股权交易中心	广东股权交易中心股份有限公司	第二批
海 南	海南股权交易中心	海南股权交易中心有限责任公司	第二批
深 圳	深圳前海股权交易中心	深圳前海股权交易中心有限公司	第二批
青 岛	青岛蓝海股权交易中心	青岛蓝海股权交易中心有限责任公司	第二批
北 京	北京股权交易中心	北京股权交易中心有限公司	第一批
河 北	石家庄股权交易所	石家庄股权交易所股份有限公司	第一批
内蒙古	内蒙古股权交易中心	内蒙古股权交易中心股份有限公司	第一批
辽 宁	辽宁股权交易中心	辽宁股权交易中心股份有限公司	第一批
上 海	上海股权托管交易中心	上海股权托管交易中心股份有限公司	第一批
江 苏	江苏股权交易中心	江苏股权交易中心有限责任公司	第一批
安 徽	安徽省股权托管交易中心	安徽省股权托管交易中心有限责任公司	第一批
福 建	海峡股权交易中心	海峡股权交易中心（福建）有限公司	第一批
江 西	江西联合股权交易中心	江西联合股权交易中心有限公司	第一批
湖 南	湖南股权交易所	湖南股权交易所有限公司	第一批
广 西	广西北部湾股权交易所	广西北部湾股权交易所股份有限公司	第一批
重 庆	重庆转让中心	重庆股份转让中心有限责任公司	第一批
四 川	天府（四川）联合股权交易中心	天府（四川）联合股权交易中心股份有限公司	第一批
陕 西	陕西股权交易中心	陕西股权交易中心股份有限公司	第一批
甘 肃	甘肃股权交易中心	甘肃股权交易中心股份有限公司	第一批
青 海	青海股权交易中心	青海股权交易中心有限公司	第一批
宁 夏	宁夏股权托管交易中心	宁夏股权托管交易中心有限公司	第一批
新 疆	新疆股权交易中心	新疆股权交易中心有限公司	第一批
大 连	大连股权交易中心	大连股权交易中心股份有限公司	第一批
宁 波	宁波股权交易中心	宁波股权交易中心有限公司	第一批
厦 门	厦门两岸股权交易中心	厦门两岸股权交易中心有限公司	第一批

资料来源：证监会网站。

 美国多层次资本市场

美国的资本市场体系庞大、功能完备、层次多样，既有统一、集中的全国性市场，又有区域性、小型的地方
交易市场。

第一层次

　　第一层次包括纽约证券交易所（New York Stock Exchange, NYSE），纳斯达克-全球精选市场（NASDAQ Global Select Market）以及纳斯达克-全球市场（NASDAQ Global Market）。2007年，纽交所并购了欧洲的泛欧证券交易所，成为全球最大的交易所；2008年，纽交所又并购了全美证券交易所（American Stock Exchange, AMEX），并使其作为中小板市场来运作，其上市条件比纽约证券交易所要求低，在2012年5月改名为纽约证券交易所中小板市场（NYSE MKT LLC）。纳斯达克（NASDAQ）的全称为全美证券商协会自动报价系统（National Association of Securities Dealers Automated Quotations），是美国的一个证券电子交易机构，创立于1971年。经过40多年的发展，在美国纳斯达克市场发行的国外公司的股票数量已超过纽约证券交易所，成为外国公司在美上市的首选地点。2006年2月，纳斯达克宣布将股票市场分为三个层次：纳斯达克全球精选市场、纳斯达克全球市场（即原来的纳斯达克全国市场）以及纳斯达克资本市场（即原来的纳斯达克小额资本市场），进一步优化了市场结构，吸引不同层次的企业上市。其中，纳斯达克全球精选市场及纳斯达克全球市场拥有更高的上市标准和要求，作为主板市场的组成部分，与纽约证券交易所直接竞争。

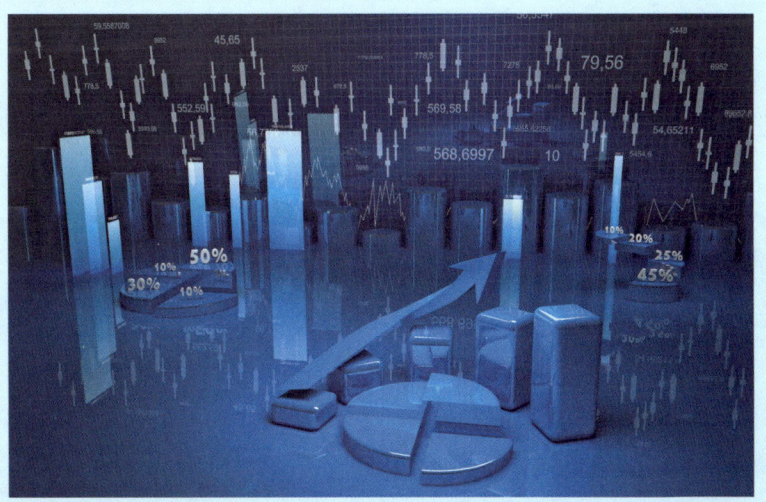

　　美国还有区域性交易所。区域性交易所主要有芝加哥交易所、费城交易所和太平洋交易所等。区域性交易所多数拥有自己特有的交易金融工具，如芝加哥期货交易所是当前世界上最具代表性的农产品交易所。而1978年成立了市场间交易系统（简称ITS），ITS电子化链接了所有的全国性交易所，可以处理大量的股票交易指令，区域性的股票交易可以通过纽约证券交易所和纳斯达克市场的区域交易中心来进行。

第二层次

第二层次包括纳斯达克资本市场和纽约证券交易所高增长市场。纳斯达克资本市场是专为成长期公司提供服务的市场，其财务指标要求没有主板市场上市标准那样严格，为那些暂时无法满足主板上市标准的成长型公司提供了上市场所。2006年，纽约证券交易所成立了纽约证券交易所高增长市场，上市的公司可以选择自己的主做市商。主做市商有义务严格控制价差范围，并为股价的上升提供机会。纽交所高增长市场以优异的市场质量（极为有效的价差和交易速度），从纳斯达克证券交易所吸引了数量可观的交易份额。

第三层次

第三层次包括场外柜台交易系统（OTCBB）、美国场外交易市场（OTC market group）以及地方性柜台交易市场和私募股票交易市场。

一是全美证券商协会（NASD）管理的场外柜台交易系统。与美国其他主要证券交易所相比，其门槛很低，有简单的上市程序以及较低的费用；对公司在资产规模或财务盈利上基本没有要求，但是要求公司保持向美国证券交易管理委员会（U.S. Securities and Exchange Commission, SEC）提交申报文件，所有在OTCBB挂牌交易的公司都必须按季度向公众披露其当前财务状况，年报必须经由SEC核准的会计师事务所审计。

三是地方性柜台交易市场。一些仅在各州内部发行的小型公司股票在地方柜台交易市场交易，大致10 000余家小型公司的股票仅在各州发行，并且通过当地的经纪人进行柜台交易。

二是源于"粉单市场"（pink sheet market）的美国场外交易市场。美国场外交易市场不需要挂牌公司提供注册会计师的财务审计报告，只要有一家符合NASD要求资质的做市商愿意为某只股票做市报价，其股票就可以挂牌交易。美国的场外交易市场中也包含众多知名企业，如阿迪达斯、巴黎银行、帝国烟草、英国天然气集团（BG group）、巴斯夫（BASF）、法国航空、瑞士罗氏（制药）跨国企业。

四是私募股票交易市场。包括通过经纪人或交易商的网络系统进行交易的第三市场和无须经纪人、由交易双方直接交易的第四市场。

美国多层次资本市场形成了较为完备的服务科技创新的微观机制，促进了科技创新的发展，具体表现在对科技型企业风险投资的发现、筛选机制和一整套的融资服务方式两方面。

中美多层次资本市场比较

我国的多层次资本市场建设很大程度上参照了美国经验，因此，二者有很多相似之处，但是与美国相比，我国的多层次资本市场的结构更为简单，不同市场、板块的功能及服务对象之间有较明显的差异，因此，市场和板块之间缺乏竞争。例如，自从深交所设立中小板之后，深交所主板上市活动基本处于停滞状态。虽然之后也有少数几家公司在深交所主板上市，且被认为将与上交所展开直接竞争，但是这种情况并未发生，深交所主要为中小企业和创业企业提供服务，而上交所为大企业和科创企业服务。但是，美国的纽交所、纳斯达克则通过分层直接与对手展开竞争，甚至一些场外交易市场也由于面向企业需求，能够吸引到知名跨国公司。

专题篇 >>
TOPIC
CHAPTER

第六章　激励企业创新的减税新政

2019年，我国再推系列减税降费政策。根据2019年中央决算报告，2019年减税降费共2.36万亿元。其中，新增减税1.93万亿元，民营企业合计减税1.26万亿元，小微企业减税2 832亿元。减税降费已成为深化供给侧结构性改革的重要举措，对减轻科技企业负担、激发企业创新活力、促进经济增长具有重要作用。2019年以来，企业科技创新更多地受益于普惠性的减税措施。

■ 金融机构税收政策：创投个人合伙人新政实施

2019年1月，《关于创业投资企业个人合伙人所得税政策问题的通知》（财税〔2019〕8号）发布实施，在2019—2023年，符合备案要求的合伙制创业投资企业的个人合伙人所得税政策有了新的选择（见表6.1）。

表6.1	合伙制创投个人合伙人的个人所得税政策选择	
	选择1（原政策）	选择2（新政策）
核算方式	企业年度整体核算	单一投资基金核算
应税所得	个人合伙人分得的所得（纳税年度收入总额－成本、费用和损失）	个人合伙人分得的股权转让和股息红利所得
适用税率	个体工商户生产经营所得按3% ～ 35%超额累计税率计	投资所得按20%税率计
适用税收优惠政策	《关于创业投资企业和天使投资个人有关税收政策的通知》（财税〔2018〕55号）	《关于创业投资企业和天使投资个人有关税收政策的通知》（财税〔2018〕55号）
	无综合所得的，可依法减除基本减除费用、专项扣除、专项附加扣除及国务院确定的其他扣除	
选择更改	3年内不得更改	／

■ 风险企业税收政策：受益于普惠性减税措施

创业投资所投资企业（以下简称"风险企业"）的税收支持政策对投资收益有间接影响。2019年以来，风险企业更多是受益于普惠性的减税措施。

■ 小微企业：增加普惠性税收减免

2019年1月，《关于实施小微企业普惠性税收减免政策的通知》（财税〔2019〕13号）发布，一系列普惠性税收政策在2019—2021年实施（见表6.2）。

表6.2	小微企业普惠性税收减免政策
增值税	月销售额10万元以下（含本数）的增值税小规模纳税人，免征增值税
企业所得税	小型微利企业：从事国家非限制和禁止行业，年应纳税所得额不超过300万元，从业人数不超过300人，资产总额不超过5 000万元
	小型微利企业年应纳税所得额不超过100万元部分，减按25%计入应纳税所得额；超过100万元不超过300万元部分，减按50%计入应纳税所得额
资源税、城建税等地方税种	各省、自治区、直辖市人民政府根据本地区实际情况及宏观调控需要，对增值税小规模纳税人可以在50%的税额幅度内减征资源税、城建税、房产税、城镇土地使用税、印花税、耕地占用税、地方教育费附加
	已经享受上述税种优惠的增值税小规模纳税人可叠加享受上一条的优惠政策

■ 增值税：继续深化税制改革，降低税负

自1994年分税制改革以来，增值税一直是我国税收收入的最主要来源。但是，增值税在收入分配调节、逆经济周期调节、对科技创新友好等方面具有天然劣势，因此成为我国新一轮税制改革的重点。2016年5月，我国全面"营改增"后，增值税改革拉开序幕，重要内容就是简并和降低税率。2017年7月，增值税税率由四档减至17%、11%和6%三档；2018年5月，增值税率下调，原适用的17%和11%税率分别调整为16%和10%。2019年，增值税率进一步下调，这有助于企业整体税负的进一步下降。

（1）所有行业降低增值税税负。根据《财政部　税务总局　海关总署关于深化增值税改革有关政策的公告》（财政部　税务总局　海关总署公告2019年第39号，以下简称39号公告），自2019年4月1日起，我国增值税一般纳税人适用的三档增值税率有所调整：前两档下调；第三档不变但进项税额允许加计（见表6.3）。根据《财政部　税务总局关于明确生活性服务业增值税加计抵减政策的公告》（财政部　税务总局公告2019年第87号），自2019年10月1日至2021年12月31日，生活性服务业当期可抵扣进项税额的加计比例由10%提高至15%。

表6.3	2019年增值税率和进项税额的主要变化
主要政策变化	主要涉及范围
原适用增值税率16%的降为13%	销售或进口货物，提供加工、修理、修配劳务，提供有形动产租赁服务等
原适用增值税率10%的降为9%	交通运输服务、邮政服务、建筑服务、销售不动产等
原适用增值税率6%的保持不变，但当期可抵扣进项税额加计10%（自2019年4月1日至2021年12月31日）	销售无形资产、电信服务、金融服务、生活服务、现代服务等生产、生活性服务业

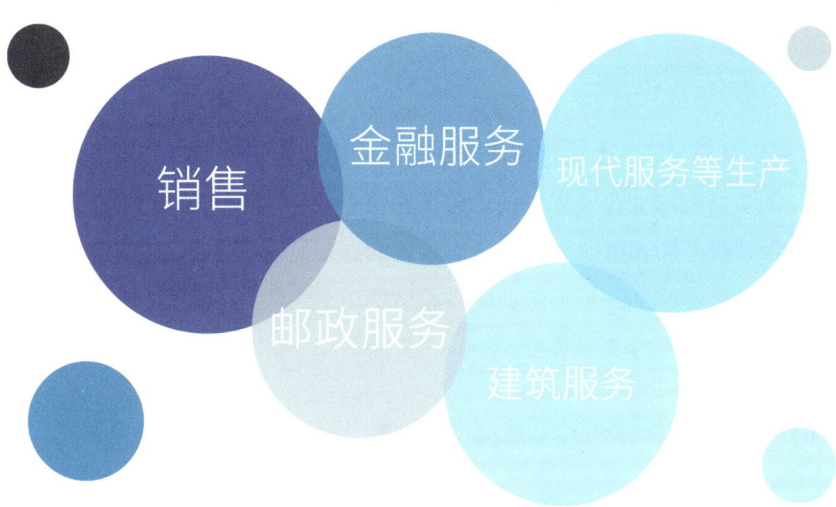

（2）试行增值税期末留抵税额退税制度。根据39号公告，自2019年4月1日起，符合条件的纳税人可向主管税务机关申请退还增量留抵税额（见表6.4）。

表6.4	2019年增值税期末留抵税额退税一般性政策				
主要条件	连续6个月增量留抵税额均大于0，且第6个月不低于50万元	纳税信用等级为A级或者B级	申请退税前36个月未发生骗取留抵退税、出口退税或虚开增值税专用发票情形	申请退税前36个月未因偷税被税务机关处罚2次及以上	自2019年4月1日起未享受即征即退、先征后返（退）政策
增量留抵税额的含义	与2019年3月底相比新增加的期末留抵税额				
当期允许退还的留抵税额计算	允许退还的增量留抵税额＝增量留抵税额×进项构成比例×60%				

（3）加大先进制造业增值税期末留抵退税力度。根据《财政部　税务总局关于明确部分先进制造业增值税期末留抵退税政策的公告》（财政部　税务总局公告2019年第84号），自2019年6月1日起，先进制造业纳税人可向主管税务机关申请退还增量留抵税额。但相比较39号公告的增值税期末留抵退税政策，先进制造业增值税期末留抵退税的主要条件有所放宽，允许退还的税额有所增加（见表6.5）。

表6.5	2019年先进制造业增值税期末留抵税额退税的特殊政策				
主要条件	增量留抵税额均大于零	纳税信用等级为A级或者B级	申请退税前36个月未发生骗取留抵退税、出口退税或虚开增值税专用发票情形	申请退税前36个月未因偷税被税务机关处罚2次及以上	自2019年4月1日起未享受即征即退、先征后返（退）政策
增量留抵税额的含义	与2019年3月底相比新增加的期末留抵税额				
当期允许退还的增量留抵税额计算	允许退还的增量留抵税额＝增量留抵税额×进项构成比例				

■ 固定资产加速折旧：扩大至所有制造业

根据《财政部　税务总局关于扩大固定资产加速折旧优惠政策适用范围的公告》（财政部　税务总局公告 2019 年第 66 号），为支持制造业企业加快技术改造和设备更新，自 2019 年 1 月 1 日起，适用《财政部　国家税务总局关于完善固定资产加速折旧企业所得税政策的通知》（财税〔2014〕75 号）和《财政部　国家税务总局关于进一步完善固定资产加速折旧企业所得税政策的通知》（财税〔2015〕106 号）所规定的固定资产加速折旧优惠行业范围，扩大至全部制造业。

■ 集成电路设计和软件产业：继续延长企业所得税收优惠

根据《财政部　税务总局关于集成电路设计和软件产业企业所得税政策的公告》（财政部　税务总局公告 2019 年第 68 号），依法成立且符合条件的集成电路设计企业和软件企业，在 2018 年 12 月 31 日前自获利年度起计算优惠期，第一年至第二年免征企业所得税，第三年至第五年按照 25% 的法定税率减半征收企业所得税，并享受至期满为止。具体条件参照《财政部　国家税务总局关于进一步鼓励软件产业和集成电路产业发展企业所得税政策的通知》（财税〔2012〕27 号）和《财政部　国家税务总局发展改革委工业和信息化部关于软件和集成电路产业企业所得税优惠政策有关问题的通知》（财税〔2016〕49 号）的有关规定。

■ 研发机构：继续延长采购国产设备增值税退税优惠

根据《关于继续执行研发机构采购设备增值税政策的公告》（财政部公告 2019 年第 91 号），符合适用条件的内资研发机构和外资研发中心采购国产设备可继续享受全额退还增值税的优惠。

■ 区域性税收优惠：聚焦科技创新

为促进区域协同发展，党中央　国务院规划部署国家"区域发展战略"，税收政策成为重要的支撑措施。其中，2019 年，粤港澳大湾区境外高端和紧缺人才适用的个人所得税新政实施。根据《财政部　税务总局关于粤港澳大湾区个人所得税优惠政策的通知》（财税〔2019〕31 号），2019—2023 年，广东省、深圳市按内地与香港个人所得税税负差额，对在大湾区工作的境外（含港澳台，下同）高端人才和紧缺人才给予补贴，该补贴免征个人所得税。有关认定和补贴办法，按照广东省、深圳市的有关规定执行。

第七章　数字货币

■ 货币数字化是货币形态发展的历史必然

马克思主义政治经济学认为,货币的本质是一种实现商品交换的一般等价物。作为联系经济活动的基本纽带,货币的职能包括价值尺度、流通手段、支付手段、贮藏手段和世界货币五个方面。人类历史上货币形态一直伴随着交易活动和科技创新而逐步演进,其属性从一般等价物的载体逐步变迁为信用载体,并先后经历了实物货币→足值金属货币→不足值铸币→可兑换纸币→信用货币等形态。20世纪70年代初,布雷顿森林体系的解体结束了金本位(gold standard),货币发展进入信用本位阶段。数字货币的理论雏形来自1976年自由主义经济学家哈耶克的《货币的非国家化》。在此基础上,20世纪80年代,著名密码学家大卫·乔姆(David Chaum)第一次提出构建具备匿名性、不可追踪性的电子货币系统的基础理论。而直到近年来,随着区块链技术、分布式数据库、数字账本技术、可控匿名、加密算法、量子计算等数字技术的飞速发展,数字货币作为一种新的货币形态应运而生。2009年1月3日,比特币(bitcoin)正式诞生,这种使用区块链技术的加密数字货币以其分布式记账的清算机制将信用货币的发展推向了一个新的阶段。10年来,各种基于节点网络和数字加密算法的虚拟货币快速发展,如表7.1所示,目前尚在交易的主要数字货币的流通市值已经达到18 178亿元人民币,其中,比特币的市值已经与俄罗斯卢布的流通总市值不相上下,比特币已经成为全球第十一大货币。

表7.1	主要数字货币及其流通市值	
币　　种	流通市值（亿元人民币）	占　　比
BTC（比特币）	12 038	66.22%
ETH（以太坊）	1 424	7.84%
XRP（瑞波币）	910	5.00%
BCH（比特现金）	372	2.04%
USDT（泰达币）	291	1.60%
LTC（莱特币）	268	1.47%
BNB（币安币）	226	1.24%
EOS（柚子币）	226	1.24%
BSV（比特币SV）	180	0.99%
TRX（波场币）	98	0.54%
其他	2 146	11.82%
总规模	18 178	100.00%

数据来源：金色财经、比特范，时间截至 2020 年 3 月 15 日。

　　总的来看，货币形态的演变以技术进步作为先决条件，以新兴科技为内核的数字货币具有匿名性、加密性、交易便捷性等特点。与传统的银行转账、汇款等方式相比，数字货币交易无须向第三方支付费用，在跨境支付等场景中有较强的应用需求；在发行方面，数字货币不依赖于中心化机构，也无须清算中心来处理数据，因此发行效率较高；在使用时，数字货币具有高度匿名性，完全陌生的交易双方亦可完成交易。因此，数字货币在一定程度上能够充当"信用媒介"，数字货币是技术创新向货币和金融领域渗透的历史必然产物。

法定数字货币：中国在研发进程、专利申报、应用试点等方面探索步伐较快

数字货币存在较大缺陷，主要体现在以下方面：

1 缺乏主权信用背书的数字货币有着天然的信用风险。

2 数字货币不利于反洗钱和反恐怖融资，据统计，25%的比特币用户和44%的比特币交易与非法经济活动有关。

3 数字货币存在"通缩""波动大""交易费用高"等内在缺陷。

　　针对数字货币的内在缺陷,具有法定属性的央行数字货币(CBDC)提供了一种由国家主权背书的资产持有机制,可以为现有的支付体系和金融基础设施建设提供新的解决方案。法定数字货币是指基于加密算法、由中央银行发行和国家主权信用背书、具备无限法偿性的数字货币。

法定数字货币

　　从中美比较来看,中国在法定数字货币领域的探索步伐较快,尤其是前瞻性研发布局较为领先(见表7.2)。中国在央行数字货币的研究和实践方面起步较早。从各种仿真系统的模拟结果米看,中国央行数字货币点对点的传输模式可以改善当前跨境支付耗时长、费用高的问题。中国通过发行央行数字货币可以逐步建设一套发展中国家可平等参与的全球跨境支付体系,打破由发达国家垄断的高度中心化的支付格局,在货币数字化浪潮的背景下助推人民币国际化。美联储在较长时间内坚持认为美国的用户对现金的信任度更高,但是随着中国法定数字货币的快速推进和全球法币数字化浪潮的兴起,美国对法定数字货币的态度已趋积极。从最新的表态来看,美联储认为央行数字货币可促进货币体系的透明性和货币政策的系统性,可作为稳定的记账单位、趋近于零成本的交换媒介和安全的价值存储手段。2020年2月5日,美联储表示正在研究与数字支付和数字货币法规及保护有关的一系列问题,正进行与分布式账本技术及数字货币潜在应用有关的研究和实验,并重点关注央行数字货币的潜力,美联储已经着手开发自己的全天候实时支付和结算服务体系。2020年5月28日,数字美元基金会与埃森哲共同发布了《数字美元白皮书:数字美元项目——探索美国CBDC(中央银行数字货币)》。

表7.2	中美法定数字货币对比分析	
	中 国	美 国
开始时间	2014年5月成立央行数字货币研究小组	2020年1月宣布通过数字美元基金会来推广数字美元计划
当前进展	已经完成了技术框架设计、标准制定、功能研发、联调测试等工作	2020年5月28日，数字美元基金会与埃森哲共同发布了《数字美元白皮书》
试点情况	已在深圳、雄安、成都、苏州等地开展试点工作	尚未试点
专利申报	已申报102项专门针对CBDC的专利	已申请CBDC架构设想相关专利8项
发行框架	双层架构（央行先把数字货币兑换给商业银行，再兑换给公众）	通过商业银行和受监管中介机构的现有双层架构进行分配

 **非法定数字货币：美国的发行和交易政策相对开放**

非法定数字货币大致分为两类：一类是基于区块链架构发行、价格自由波动的加密数字货币，另一类是锚定真实资产、价格波动较低的稳定币。

在加密数字货币方面，中国的政策相对趋紧。2016年，以人民币计价的比特币交易在全部交易中的占比曾一度高达90%，在比特币热潮的引领下，2015—2017年中国市场上发行了大量不锚定底层资产的"空气币"，严重扰乱了金融秩序。2017年9月4日，中国全面禁止了首次代币发行（ICO）。而美国对加密货币的态度相对开放，美国采用了ICO令牌分类制度（分为安全令牌和实用令牌），经核准后ICO成为部分新兴行业项目融资的重要渠道之一（见表7.3）。

表7.3	中美加密数字货币对比分析	
	中 国	美 国
交易政策	非法	多数州内合法
首次代币发行	严格禁止	允许
交易所	关闭	多数州内开放
钱包提供商	少	多

在稳定币方面，美国的相关探索正在引领全球。稳定币有可能成为数字化时代的"全球货币体系之锚"，有可能替代法定货币进入市场流通。以超主权货币LIBRA为例，2019年6月18日，脸书（Facebook）的白皮书提出"要建立一套简单的、全球流通的货币和为数十亿人服务的金融基础设施"；2020年4月16日，再次发布LIBRA白皮书2.0版本，LIBRA 2.0具备如下特征：

特征	一是同时推出锚定一篮子货币和单一法币的稳定币
	二是参照国际货币基金组织的特别提款权机制，LIBRA协会将与相关国家央行协商，确定单币种稳定币的具体权重
	三是打造"有限开放"（limited opening）的生态系统，LIBRA联合理事会暂无中国机构参与，LIBRA也暂不推出锚定人民币的稳定币

　　由于LIBRA一篮子基础货币中50%源于美元，LIBRA的超主权属性天然延伸了美国的国家利益，成为美元霸权在数字经济时代的重构。作为数字时代应运而生的超主权货币，LIBRA必然对世界货币体系、全球金融监管乃至国际政经格局造成重大影响。脸书推出LIBRA之后，在全世界掀起了轩然大波，各国都在积极讨论LIBRA对于自身主权货币的影响。LIBRA对全球各国外汇政策、货币政策的冲击程度主要取决于对本地法币的替代程度。截至2018年年底，脸书在全球已经拥有25亿用户，这意味着LIBRA将依托其庞大的生态圈成为影响全球金融体系的重要变量，一经推出就可以快速具备"系统重要性"（systematic importance）。同时，与一般的数字货币不同，LIBRA意在打造"可信任货币"，基于多个中心节点的联盟链发行，既节省现金流通成本，又可为数字资产交易提供可靠的支付工具。对于人民币而言，由于LIBRA货币生态体系中暂未纳入人民币，未来如果LIBRA在支付市场上被广泛应用，LIBRA将可能作为价值尺度和定价工具，相关交易中的赊销、贸易融资、消费信贷也将逐渐依赖LIBRA并影响国际贸易和信贷市场。LIBRA对于国家货币主权以及人民币国际化总体上是一种挑战。

08 第八章 众筹

众筹大体可以分为股权众筹、消费型众筹和捐赠类众筹。从美国的众筹发展及监管政策来看，捐赠和奖励类的众筹并没有明确的监管界限，只需符合一般性商业交易监管要求，不存在虚假广告即可；而对于股权众筹而言，则有比较明确的监管界限。

■ 我国众筹发展相对缓慢

近两年，我国众筹的发展一直相对平稳，自2019年5月以来，持续运营的平台数量在不断下降。图8.1和图8.2给出了2011—2018年我国众筹平台当年新增数量以及2019年5月至2020年4月现有平台存量和下线平台数量。对比来看，我国众筹发展已经进入相对稳定且发展相对缓慢时期，2019年5月至2020年4月的平台存量低于2014—2016年的平台当年新增量。

图8.1 | 2011—2018年当年新增平台数量

数据来源：人创资讯，《中国众筹行业发展报告》。

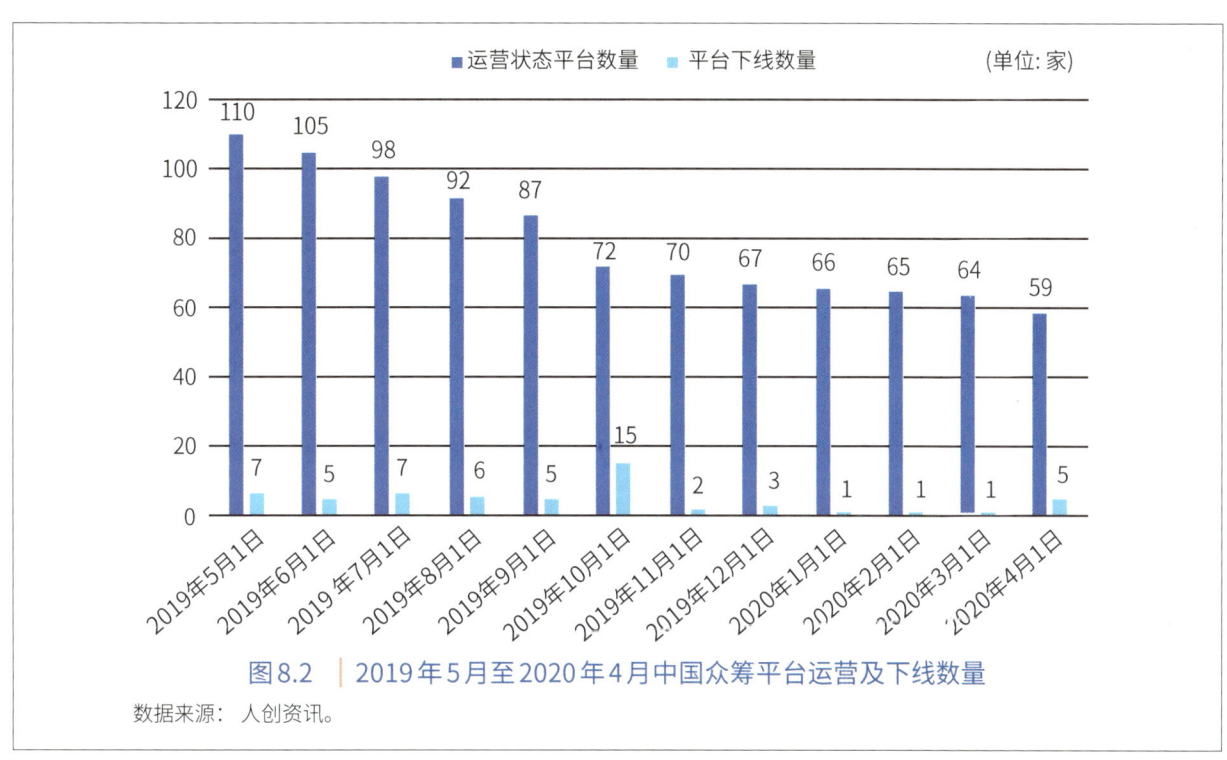

图8.2 | 2019年5月至2020年4月中国众筹平台运营及下线数量

数据来源：人创资讯。

根据中国众筹平台的发展情况，可将我国众筹平台分为五类。除了股权众筹、权益类众筹平台以外，还包括物权型、综合型以及公益类平台。从众筹平台的类型看，我国与消费类相关的众筹平台发展更好，且大多以较为成熟的企业为依托（见表8.1和图8.3）。

表8.1	2019年5月至2020年4月运营中平台类别统计				（单位：家）
时　　间	股权型	权益型	物权型	综合型	公益型
2019年5月1日	41	33	15	14	7
2019年6月1日	39	32	13	14	7
2019年7月1日	36	32	12	11	7
2019年8月1日	35	29	12	10	6
2019年9月1日	32	29	12	8	6
2019年10月1日	25	26	9	8	4
2019年11月1日	24	26	8	8	4
2019年12月1日	23	25	8	7	4
2020年1月1日	23	24	8	7	4
2020年2月1日	23	24	7	7	4
2020年3月1日	22	24	7	7	4
2020年4月1日	21	22	5	7	4

数据来源：人创资讯。

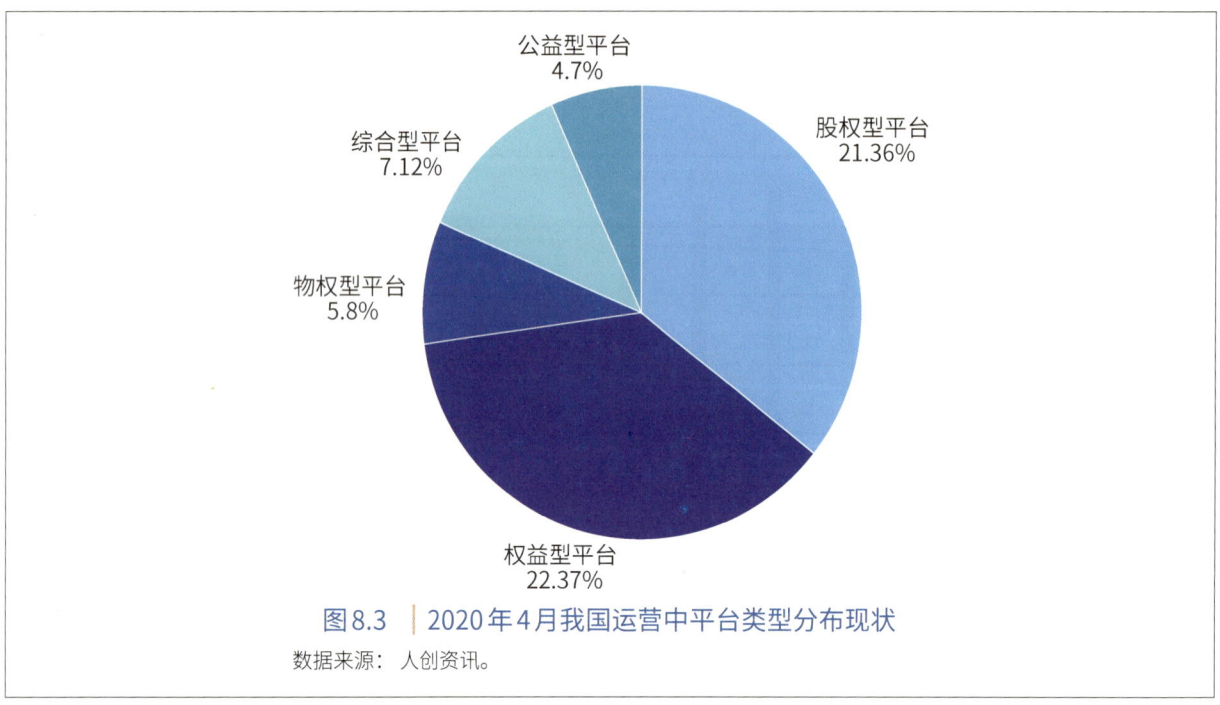

图 8.3 | 2020 年 4 月我国运营中平台类型分布现状

数据来源：人创资讯。

美国股权众筹具有重要意义

为了扩大小企业的直接融资渠道，2012 年美国通过了 JOBS 法案（Jumpstart Our Business Startups Act）第三章。该法案在《1933 证券法》第 4（6）条的基础上创设了"众筹"这一新型豁免制度，构建出一种基于互联网的中介平台，即个人能够通过众筹平台开展小额证券融资业务。2015 年 10 月 30 日，美国证监会（SEC）《众筹法案》最终稿得以通过。该法案重点在于降低小微企业的融资成本和效率，提高对投资者的公平性和保护，明确众筹中介的职责和众筹市场发展，等等。

根据美国 SEC 的报告，在《众筹法案》正式出台后，自 2016 年 5 月 16 日至 2016 年 12 月 31 日，共有 156 个发行人宣布进行了 163 次众筹发行。几乎所有产品都接受了最高的超额认购并基本都达到了美国 SEC 关于众筹监管的融资上限（100 万美元）。其中，在这些众筹成功的公司中，最热门公司所在地为加利福尼亚。报告认为，股权众筹对于尚未广泛取得私募股权豁免的发行人和投资人具有巨大的吸引力，并且为企业家和小微企业提供了新的融资渠道和资金来源，这对于很多股权融资成功的企业而言没有其他替代途径。

近期美国众筹发展现状

美国的众筹发展一直相对平稳,既没有出现像中国一样"大爆发"或是称为"元年"的时代,也没有爆发大规模的"欺诈"事件,但该模式的确为小企业提供了更多的融资渠道。

明朗的股权众筹政策促进了该行业的健康发展

自2016年5月16日到2018年12月31日,根据美国SEC的统计结果,股权众筹呈现出单笔融资规模小、总融资量上升的态势。在这3年间,约有1 351笔股权众筹获得过最低9 430万美元到最高7.76亿美元的支持,第一财年(2016年)启动了292个项目,第二财年启动了557个,第三财年上半年(2018年5月16日至2018年12月)推出了约502项。在上述股权众筹中,约有539项股权众筹至少获得了希望筹集资金的最低限额。根据SEC的估计,有29家公司募集了至少107万美元。

通过分析股权众筹公司的基本信息发现,美国股权众筹的普遍支持对象为真正的小企业,它们难以获得如风险投资等资金的支持,股权众筹的出现真正解决了他们的资金需求问题。多数发行股权众筹的公司都处于生命的早期,成立时间约为2年,对资金规模需求较小,雇佣人数在3名左右,公司总资产在3万美元左右,手中持有的现金约为4千美元且尚未有任何收入。

美国SEC对股权众筹临时放宽了监管要求

2020年,新冠肺炎疫情对全球的中小企业造成了巨大打击。为缓解中小企业的资金困境,各国都推出了刺激经济的计划。美国政府在推出多项法案的同时,5月4日,SEC选择临时放宽众筹监管(见表8.2),以便于小企业能够更好地利用资本市场获得资金,缓解企业的资金压力。此项政策也让加密货币和区块链领域的企业更容易通过indiegogo等同类型众筹平台获得融资。

根据SEC的规定,临时修改放宽监管的新规允许企业在12个月内融资10.7万至25万美元(2015年通过的《众筹法案》规定小企业融资最高限额为100万美元)。融资所需财务报表、联邦所得税税报信息等文件只需要公司的CEO提供证明,而不再要求由同样受到疫情影响的独立于公司的会计师事务所审阅,而且发行方只要启动发售,就可以收到投资者有约束力的认购承诺。

表8.2	2020年美国证监会临时放宽众筹监管规则的前后变化对比	
要　求	现有众筹监管	临 时 修 订
对发行人的要求	该豁免不适用于以下几类： （1）非美国发行人； （2）根据1934年《证券交易发》第13（A）或15（D）的要求提交报告的发行人； （3）投资公司； （4）空头支票公司； （5）根据《众筹法案》被取消资格的发行人； （6）在提出发行的两年内，未按照众筹法规要求提交年度报告的发行人。	（1）发行公司的存续期必须已经超过6个月； （2）曾经有过股权众筹的公司必须遵守《证券法》第4A（B）的要求和相关规则。
需要提供的材料	提交要约声明，包括财务报表	提交要约声明，可以省略提交财务报告
接受投资承诺	提交要约声明（包括财务报表）后	提交包含财务报表的要约声明或包含财务报表的修订要约声明后
发行人在12个月内报价超过10.7万美元且不超过25万美元时所需要的财务报表	发行人的财务报表由独立于发行人的第三方会计师审阅	发行人的财务报表和发行人的联邦所得税申报表中的信息可以由公司CEO提供证明
允许销售	允许销售的时间是在信息公布的至少21天后	只要发行人收到涵盖目标发行量的具有约束力的投资承诺（承诺在48小时后生效）
允许提早关闭	（1）发售至少要持续21天； （2）中介机构至少提前5个工作日通知发行截止日期； （3）投资者有机会重新考虑投资决定，并在新发行截止日期前48小时撤销（取消）投资承诺； （4）在截止时间前，发行人可以继续达到或超过目标发行量。	（1）发行人已遵守临时规则中所披露的要求； （2）中介机构负责通知已经达到目标发行量； （3）发行结束时，发行人可以继续达到或超过目标发行量。
允许取消投资承诺	出于任何原因，直到发行人的发行材料中制定的截至48小时为止。此后，投资者无法在发行的最后48小时内取消任何投资承诺（除非对发行进行重大更改）	出于任何原因，从投资者做出投资者承诺之日起48小时内（或发行人可能指定的较晚时期）。在这48小时后，除非对发行进行重大更改，否则不得取消投资承诺

■ 消费类众筹发展较为稳定——以Kickstarter为例

KICKSTARTER　　尽管各大网站都根据不同的规则对众筹平台进行了排名，但以消费类众筹而存在的Kickstarter一直位于各个众筹类名单的榜首。在疫情影响下，Kickstarter平台新项目数量与2019年同期相比下降了35%，并且其物流、购买力、部分工厂停工等原因可能会暂时造成众筹产品的供货出现问题，甚至其平台本身也因受到疫情影响而选择裁员。但总体而言，对众筹依赖度较高的是对"极客文化"较为认可的群体，具有一定的用户黏性。因此，尽管众筹平台本身受到了疫情一定程度的影响，但总体而言，众筹项目和支持者并没有发生本质的改变。如Kickstarter于2020年5月份发布的桌游Frosthaven一经上线，就在3个多小时获得了300万美元的支持，是该平台有史以来融资速度最快的项目之一。

根据Kickstarter数据统计，截至2020年8月25日，通过众筹平台成功融资的金额达到52.2亿美元，成功众筹案例为18.68万个，众筹成功率为37.94%。从具体类别看（见表8.3），游戏、设计和科技占融资金额排名的前三名，这3个众筹类别也是单笔融资额最高的3个类别。但与其他类别相比，尽管科技类众筹从发布项目数量和融资金额看占比较高，但总体而言的成功率在所有众筹类别中最低（见图8.4和图8.5）。

表8.3			Kickstarter公布的众筹项目数量与金额				
	发布的项目	总计融资额	成功融资额	不成功融资额	正在进行中	进行中的项目	成功率（%）
全 部	495 560	$5.22 B	$4.68 B	$477 M	$63 M	3 261	37.94
游 戏	54 342	$1.37 B	$1.26 B	$84.50 M	$25.41 M	574	41.44
设 计	42 265	$1.18 B	$1.08 B	$88.79 M	$19.26 M	373	38.55
科 技	43 729	$973.43 M	$856.44 M	$107.67 M	$9.32 M	388	20.74
电影和视频	75 182	$475.43 M	$405.21 M	$69.31 M	$913.72 K	224	37.58
音 乐	62 922	$251.39 M	$230.17 M	$20.58 M	$638.68 K	200	50.02
出版物	50 951	$195.42 M	$172.62 M	$21.23 M	$1.57 M	388	33.54
时 尚	32 321	$192.93 M	$169.47 M	$22.55 M	$915.16 K	222	28.51
食 品	30 375	$173.15 M	$147.60 M	$24.81 M	$743.45 K	133	25.25
艺 术	40 167	$137.60 M	$122.43 M	$13.43 M	$1.74 M	371	44.89
漫 画	16 739	$120.90 M	$111.76 M	$6.63 M	$2.51 M	225	59.73
摄 影	12 518	$50.39 M	$44.32 M	$5.92 M	$155.31 K	32	32.56
剧 院	12 304	$46.99 M	$42.22 M	$4.75 M	$13 230	13	60
手工艺	11 663	$20.70 M	$17.16 M	$3.46 M	$76 851	86	25.36
新 闻	5 807	$18.23 M	$15.92 M	$2.26 M	$49 230	27	22.82
舞 蹈	4 275	$14.85 M	$13.81 M	$1.03 M	$8 864	5	61.62

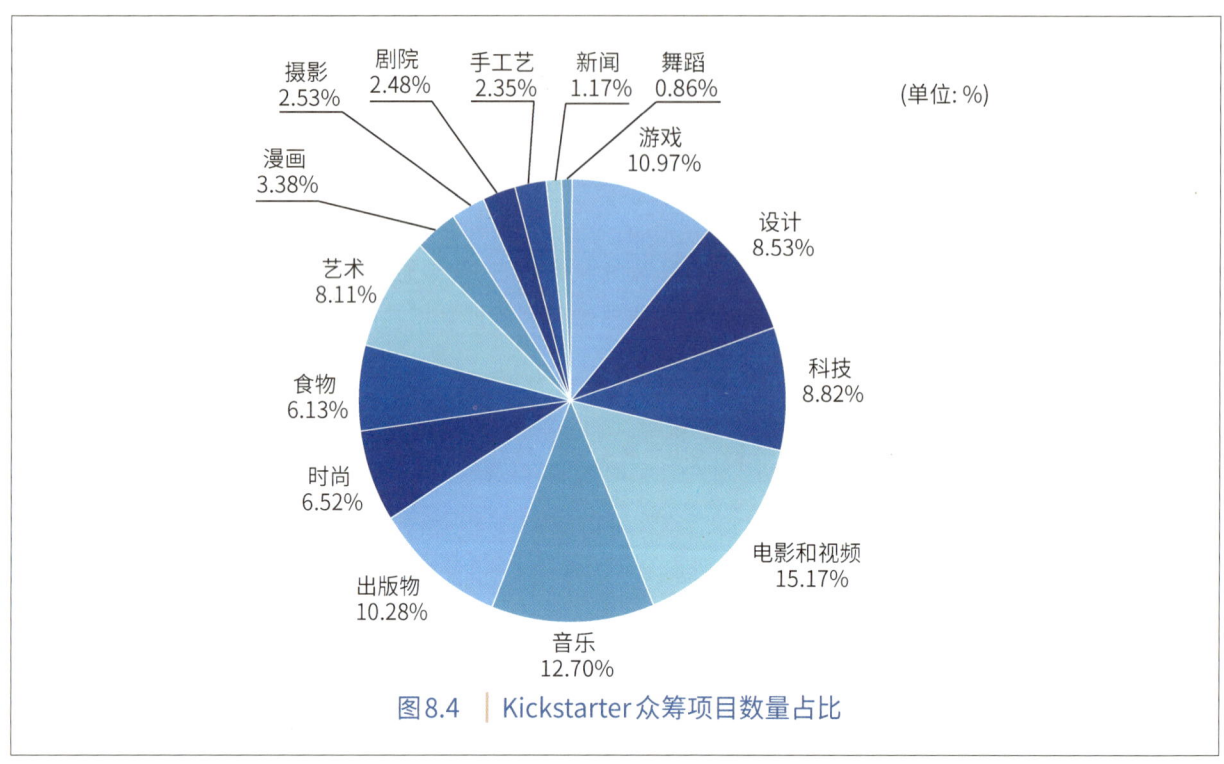

图8.4 ┃ Kickstarter 众筹项目数量占比

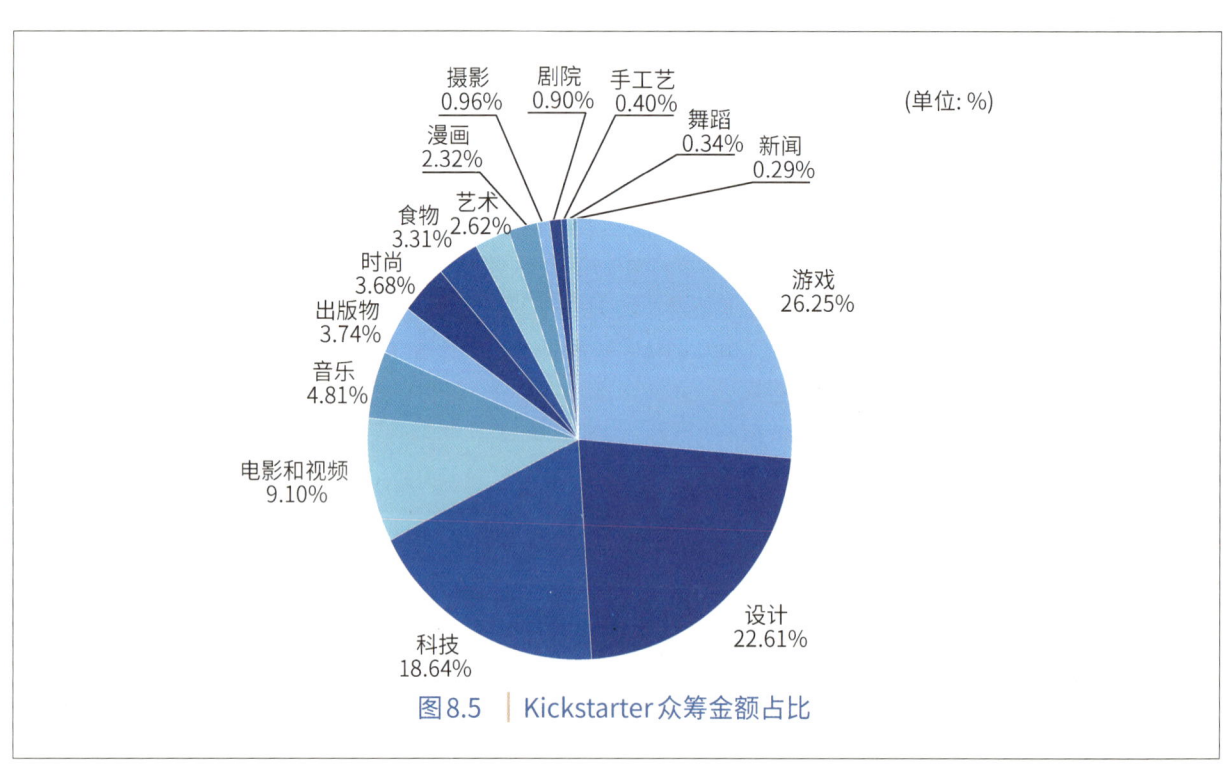

图8.5 ┃ Kickstarter 众筹金额占比

 ## 中美众筹平台发展差异与原因分析

与美国相比,我国众筹平台是时代特征发展的产物。

从 JOBS 法案看,美国是将股权众筹作为真正拓宽小企业融资渠道的途径之一,用以解决小企业资金短缺问题,其背后依托的是完备而发达的资本市场体系,真正将众筹、特别是股权众筹作为美国多层次资本市场建设的一部分,并以促进美国资本市场的长远发展为宗旨。疫情期间,美国证监会能够做出迅速响应,从资本市场角度解决小企业生存问题,如此看来,美国的众筹发展是从长计议的。而与美国相比,我国的众筹平台具有借互联网的东风而兴起的意味在其中,其产生、爆发与我国当时的"互联网+""大众创业、万众创新"等政策息息相关,因为监管等问题,缺乏针对众筹的一体化设计,多数创业者或是投资者更多地将众筹这　新兴事物作为短期的狄利工具,具有一定的投机属性,因此,在缺乏相关政策利好和所谓"风口"的支持下,众筹发展则显得"惨淡"了许多。

与美国相比,我国众筹缺乏完备的法律法规。

美国《众筹法案》的出台,是在《1933年证券法》第4(6)条的基础上创设了"众筹"这一新型豁免制度。该法案从 2012 年开始,经过层层讨论、投票、征求意见、修改等环节,从投资模式、投资人资质、中介机构限定、众筹发行人规则等多个方面对众筹这个融资模式在法律上给予承认和监管。相比之下,我国的股权众筹,缺少对其法律地位、业务边界、平台质量等方面的明确规定。2014年,证监会曾就私募股权众筹管理办法公开征求意见,但迄今仍未正式出台文件。根据定义和特征,股权众筹通过互联网平台向大众进行融资,核心特征是小额、公开,即通过降低融资额度,达到汇聚大额资金的目的,本质是公开发行股份。但根据《中华人民共和国证券法》《中华人民共和国刑法》和《最高人民法院关于审理非法集资形式案件具体应用法律若干问题的解释》等相关法律的有关规定,股权众筹恐被误判为非法集资。

③

与美国相比,我国众筹的投资者相对而言缺乏对风险的正确认识。

　　美国众筹是以成熟的资本市场为依托,多数众筹参与者对投资的风险具有更客观的认知,加之美国证监会对从事股权众筹的投资人的投资资质、投资额度进行了明确的规定,使其投资者能更加理性地对待众筹。而我国投资者,特别是众筹参与者,缺乏对众筹这一新兴事物风险的正确认知。以产品众筹为例,处于众筹阶段的项目或产品仍然与最后的产业化目标有很长距离,难以保证项目的成功率(投资者很可能无法拿到众筹产品)。即使众筹成功,投资者拿到众筹产品,也可能面临后续服务无法衔接等问题。对于投资者而言,一旦众筹项目失败,即使拿回投资资金,也会有"被骗"的感觉。特别是针对股权众筹平台,许多投资者依然缺乏风险意识,认为出了资就要有回报,不能接受项目失败和投资损失的结果。

第九章 知识产权金融服务模式探索

知识产权金融

开展知识产权金融,为知识产权的应用和转化提供充足的资金支持,是知识产权顺利转化为产品和服务的重要保障。对于拥有专利等知识产权、但缺乏固定资产的中小企业来说,知识产权金融也是解决其融资难的有效方式之一。但是,由于知识产权金融自身存在较高的风险,包括评估风险、法律风险、价值风险、变现风险、经济风险,以及申请知识产权金融的企业具有经营不稳定、轻资产的特点,金融机构缺乏开展这项业务的积极性。因此,采取措施鼓励银行等金融机构开展知识产权金融已成为业内共识。

利用中介机构来推动知识产权金融的开展是一项有效措施。目前国内已经成立了很多知识产权金融服务机构,包括知识产权运营公司、技术交易所、知识产权服务公司等,这些机构充分发挥其在技术预测和评估方面的优势,采取多种方式促进金融机构开展知识产权金融业务。

知识产权金融服务机构的常规服务模式

提供知识产权展示和与金融机构的对接服务

知识产权金融的主要需求者是中小企业,而信息不对称则是制约中小企业获得融资的因素之一,因此,破解二者之间的信息不对称成为知识产权金融服务机构的目标之一。浙江知识产权交易中心、北京IP、上海盛知华和北京经纬律师事务所都在金融机构和知识产权拥有者之间扮演了中介者的角色。

浙江知识产权交易中心汇聚了省内诸多高校的专利技术,与中科院上海生命科学院、浙江工业大学、浙江农林大学、浙江科技学院、浙江省海洋水产研究所等30多家研究机构或高校签订了科技成果转化合作协议,这些机构的发明专利可以在中心进行交易,为金融机构和高校、研究院所之间的对接提供了快速通道。目前进场交易的发明专利数量占到浙江省高校发明专利总量的80%。

北京IP在若干高科技领域内聚集了很多知识产权,目前拥有专利超过30 000件,进行了专利组合,构建了基于互联网的公共服务平台,金融机构和个人投资者可以快速找到所需的专利技术。北京经纬律师事务所由于长期为市内很多科技型中小企业服务,因此也掌握了申请知识产权质押贷款的企业及其法人的详细信息,有助于银行充分了解企业。

■ 提供知识产权价值评估服务，解决金融机构在开展知识产权金融上的短板

知识产权融资的根本问题在于知识产权属于无形资产，存在较大的估值风险，无论是银行还是投资机构，对于专利技术的发展前景、市场价值都难以把握和估值。而上述机构充分利用其专业化的能力，为金融机构解决了知识产权的价值评估和拥有知识产权的企业的估值问题。上海盛知华、北京IP和浙江知识产权交易中心由于从事知识产权转移和交易等业务，对于专利技术的筛选有独到之处，对专利技术的价值评估和市场判断有较强的能力，因而获得了金融机构的信赖。

上海盛知华

上海盛知华与投资机构合作，提供专利评估服务。目前已经为上海科创投、上海建信股权投资管理有限公司、珠海金融投资控股有限公司等提供了高科技项目投资前景分析评估报告，得到了客户的高度认可和评价。

北京IP

北京IP基于知识产权大数据，结合产业发展、市场竞争、政策环境等因素，对知识产权的实施可行性、潜在风险、实施价值和可行性进行综合评估，提供行业专利发展报告等。

■ 与银行合作开展知识产权质押贷款业务

推动银行发放知识产权贷款，对于轻资产的科技型中小企业来说，是解决这类企业贷款难的有效方式之一。除盛知华外，其他三家机构都和当地银行合作，推出了知识产权质押贷款业务。

2015年，北京IP与银行合作研发了知识产权质押贷款产品——"智融宝"，为轻资产的高科技企业提供知识产权贷款融资。

智融宝

浙江知识产权交易中心联合银行推出了"知慧贷"等金融产品。"知慧贷"为拥有专利权、软件著作权、商标权的科技企业提供知识产权质押融资服务。

知慧贷

北京经纬律师事务所与交通银行、连城资产评估公司等机构合作于2006年10月推出了以专利和商标等无形资产做质押的新的贷款模式——"展业通"知识产权质押贷款。

展业通

知识产权金融服务机构新探索

探索设立知识产权运营基金,提供股权融资服务

除了银行贷款这种债权方式之外,以专利技术吸引投资机构投资入股则是利用知识产权获得融资的另一种有效方式。调研发现,上海盛知华、北京IP和浙江知识产权交易中心都在尝试直接设立知识产权运营基金,为知识产权拥有者提供作价入股的直接投资。

目前,盛知华正和中科院的国科控股下属全资子公司——国科创投合作,拟成立一个基金管理公司,计划募集10亿元。浙江知识产权交易中心联合地方政府、银行和其他金融机构,尝试建立知识产权运营基金,推动知识产权作价入股,同时以承诺回购质押的知识产权方式为银行知识产权质押贷款提供担保。北京IP也在探索联合社会资本成立知识产权运营基金,以知识产权的转让和作价入股等方式实现知识产权的价值增值。

开展投贷联动模式

> ## 知识产权质押

北京经纬律师事务所在和建设银行开发实施知识产权质押贷款"展业通"时,事务所要承担企业违约的贷款损失;为弥补事务所的可能损失,采取的措施是事务所获取担保企业一定数量的股权期权。浙江知识产权中心与合作银行推出的金融产品"知慧贷""成长贷",由中心和银行成立合资公司,替银行代持获得知识产权质押贷款企业一定比例的股权期权。

> ## 投贷联动

北京IP开展的"智融宝"业务也采用投贷联动模式平衡风险,当企业无法按照约定正常还款时,北京知识产权公司将承接该笔债务,并将其转化为公司的委托贷款,北京IP通过享有部分借款企业的优先认股权等投贷联动方式平衡债权风险。

第十章 区块链技术支持政策

 **中国区块链领域专利申请数量领先但含金量不高**

根据incopat的数据,近年来,全球在区块链领域申请专利的数量逐年增多,仅2017—2018年,相关专利申请数量已占历年来(2000—2018年)申请总数的81.16%。中国的专利申请尤为活跃,截至2019年6月27日,中国区块链领域专利申请总量为1 490件(32.61%),美国为1 344件(29.41%)。然而,分析中国区块链领域专利结构可以发现,在67项有效专利中,发明专利只占50%,反映出专利总体含金量不高。大部分企业围绕加密数字货币、钱包、存证溯源等应用层开展研发工作,较少涉及区块链关键技术。

 **美国引领全球区块链开源社区的管理发展**

由于区块链技术具有去中心化和不可篡改等特性,从技术诞生开始,它便是以开源形式存在的。但值得注意的是,具体到区块链某方面的技术研发项目,单一公司主导是国际惯常做法。在开源代码方面,中国的代码贡献量不足美国的1/3,超过80%的区块链技术平台是使用国外开源技术(如超级账本、以太坊)的产品或者衍生产品,中国仅有BubiChain、BCOS、智臻链、ChainSQL等少数开源的区块链平台。在开源社区管理方面,国际上影响力较大的开源社区是Linux基金会和Apache基金会,董事成员大多是美国企业,国内机构如果想要开源,需将项目贡献给上述基金会进行管理。而中国金链盟等平台的国际影响力目前还非常小。

 **中美区块链企业获得的股权融资份额占据全球前两名**

根据CB Insights的数据,2014年至2019年7月,在全球所有获得股权融资的区块链企业中,融资份额排名前5位的国家依次为:美国(40%)、中国(15%)、英国(8%)、新加坡(4%)和韩国(3%)。创业投资正越来越多地流向区块链初创企业,种子/天使和A轮股权交易的比例从2017年的80%上升至2019年的88%。中美区块链技术的应用

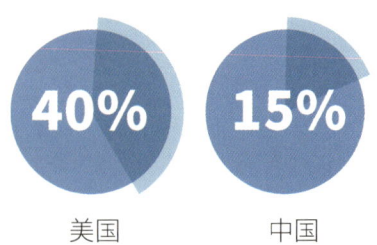

美国　　　　中国

已经涵盖金融、跨境业务、权属管理、公共记录和非完全公共记录、物联网、身份与安全领域等多个领域（见表10.1）。

表10.1	区块链的核心技术及中美应用场景示意	
应用场景（核心技术）	具体领域示例	典型案例
金融、贸易（分布式账本技术、共识算法）	数字资产（数字票据、数字货币），支付（结算、清算、跨境支付），证券、基金中的交易，保险，征信，供应链金融……	中国：天津口岸区块链验证试点 美国：Visa基于区块链的全球跨境支付网络Visa B2B Connect
权属管理（分布式账本技术、密码学算法）	文化版权、房屋产权、土地所有权……	中国：迅雷区块链助力基于digital copyright identifier（DCI）体系的版权经济 美国：shelterzoom开发基于区块链的offer now应用程序用于房地产行业
公共记录和非完全公开记录（分布式账本技术、密码学算法）	司法仲裁记录、病历记录、慈善款项记录、扶贫物资发放记录、学历认证档案、监管记录……	中国：微众银行司法仲裁链 美国：华盛顿州法律承认区块链记录具有法律效力和可执行性
物联网（分布式账本技术、密码学算法、共识算法、智能合约）	共享经济、供应链溯源、传感数据的存证与溯源……	中国：京东全球跨境质量追溯体系 美国：美国奶农协会使用区块链技术对奶制品进行溯源
身份与安全（密码学算法、智能合约）	身份识别与验证	中国：区块链身份认证应用平台Idhub 美国：伊利诺伊州政府将区块链技术应用于居民身份证

 中美政府部门对区块链技术和产业发展持积极态度

■ 中国政府出台一系列政策推动区块链技术和产业发展

近年来，中国中央政府出台了一系列政策推动区块链技术和产业发展（见表10.2）。地方政府也积极出台相应政策措施。例如，北京市人民政府办公厅印发《北京市新一轮深化"放管服"改革优化营商环境重点任务》通知，强调推进大数据、人工智能、区块链、5G等新技术的智能场景应用，在政务科技上取得新突破。央行上海总部印发《关于促进金融科技发展　支持上海建设金融科技中心的指导意见》，提出借助区块链、人工智能、生物识别等技术，依托金融大数据平台，找准突破口和主攻方向，在智慧网点、智能客服、智能投顾、智能风控等金融产品和服务方面进行创新。深圳市发布《深圳市商务局产业发展专项资金消费提升扶持计划操作规程》，鼓励商贸企业应用互联网、物联网、大数据、区块链等新技术发展新零售项目。

表 10.2		中国中央政府支持区块链技术和产业发展的主要政策		
时　间	部　门	名　　称		主　要　内　容
2019.1	中共中央网络安全和信息化委员会办公室	《区块链信息服务管理规定》		国家层面第一个完全面向区块链的政策法规,规范了区块链信息服务活动等
2018.6	工业和信息化部	《工业互联网发展行动计划（2018—2020）》		鼓励推进边缘计算、深度学习、区块链等新兴前沿技术在工业互联网的应用研究
2018.4	教育部	《教育信息化2.0行动计划》		提出探索基于区块链、大数据等新技术的智能学习效果记录、转移、交换、认证等有效方式
2018.3	工业和信息化部	《2018年信息化和软件服务业标准化工作要点》		提出推动组建全国信息化和工业化融合管理标准化技术委员会、全国区块链和分布式记账技术标准化委员会
2017.12	国家邮政局	《关于推进邮政业服务"一带一路"建设的指导意见》		提出与"一带一路"沿线国家交流邮政业和互联网、大数据、云计算、人工智能及区块链等融合发展经验
2017.11	国务院	《关于深化"互联网+先进制造业"发展工业互联网的指导意见》		提出促进边缘计算、人工智能、增强现实、虚拟现实、区块链等新兴前沿技术在工业互联网中的应用研究与探索
2017.8	商务部、财政部	《开展供应链体系建设工作的通知》		提出重点推进二维码、无线射频识别、视频识别、区块链等应用
2017.8	国务院	《关于进一步扩大和升级信息消费持续释放内需潜力的指导意见》		提出开展基于区块链、人工智能等新技术的试点应用

■ 美国联邦层面尚未把区块链上升到人工智能的战略高度,但是在区块链研发方面已经布局多个领域

　　尽管美国白宫科技政策办公室（Office of Science and Technology Policy, OSTP）暂未把区块链作为美国联邦政府优先发展的事项之一,但是其他政府部门对区块链的研发支持却已展开。

美国国土安全部设立区块链项目,
专注于在区块链的安全性、隐私、互操作性和标准等方面资助研发

　　美国国土安全部（Department of Homeland Security, DHS）一直在探索区块链和分布式账本技术的应用,认为区块链可以为数字交易系统带来弹性。DHS科学技术局对区块链领域的支持十分积极,DHS科学技术局设立了区块链项目,资助区块链安全性、隐私、互操作性和标准等方面的研发工作。DHS科学技术局也在致力于将区块链整合到DHS下属的美国海关和边境保护局、公民及移民服务局和运输安全管理局等机构的任务中。例如,2019年11月,DHS科学技术局资助Mavennet公司182 700美元,用于在海关和边境保护局中使用区块链进行跨境石油进口跟踪。

美国国防部发布《国防部数字现代化战略》，试验基于区块链进行网络安全保护

2019年7月，美国国防部（Department of Defense, DOD）发布《国防部数字现代化战略》，提出未来4年的数字化计划，并强调了创新和人才培养，以改善网络安全。报告提到，DOD拥有全球最大的IT网络，对网络进行管理并确保其安全是DOD的主要职责之一；DOD正在试验基于区块链进行网络安全保护，DOD对区块链的使用可包括确保野外军事单位与其总部之间的通信安全，并允许情报人员安全地将敏感信息传递给五角大楼。作为DOD的关键研发部门，国防高级研究计划局（Defense Advanced Research Projects Agency, DARPA）将区块链看作一种颠覆性技术。目前，DARPA主要支持2个区块链项目的研发：一是测试用于保护消息和交易的协议，将这些活动的历史日志存储在区块链中，以构建一个新的或改进的通信和交易平台；二是利用区块链开发几乎无法破解的代码。但是，DOD对于区块链的应用还只停留在测试阶段。

美国能源部通过向企业提供项目支持经费和资助大学研发等方式，着重促进区块链对电力等领域基础设施安全的保护

根据公开资料，美国能源部（Department of Energy, DOE）支持的区块链研发项目非常多。2019年，DOE主要支持的项目有：

（1）资助佛罗里达国际大学集成区块链和机器学习技术研发新型平台，用于化石燃料发电网络中的安全数据记录和处理（40万美元）；

（2）资助欧道明大学开发基于区块链的平台，用于保护化石燃料发电网络传感器身份管理和数据流安全（40万美元）；

（3）资助北达科他大学建立基于区块链的化石燃料发电网络安全保护系统（39.977 8万美元）；

（4）资助小企业开展"用于基础设施保护的区块链安全结构"项目。

DOE的基础能源科学办公室、地热技术办公室、化石能源办公室和电力办公室均已经开展了区块链的研发部署，研发支持领域主要集中于利用区块链保护基础设施安全等。

美国航空航天局相关人员正在研究将区块链
应用于飞机飞行数据的私密性和安全性管理

近日，美国航空航天局（National Aeronautics and Space Administration, NASA）艾姆斯研究中心的航空工程师罗纳德·里斯曼（Ronald Reisman）发表文章"*Air Traffic Management Blockchain Infrastructure for Security, Authentication, and Privacy*"，提出基于超级账本和智能合约建立一个原型，即航空区块链基础设施，可以控制与授权公开或私有数据。文章指出，区块链和智能合约可以帮助缓解航空领域的安全问题，考虑到军方对机密性的要求及空中交通数据的敏感性，NASA采用区块链将具有重要意义。截至目前，NASA至少开展了2项区块链领域的研究：一是支持自主航天器的开发，该航天器可以使用区块链技术做出决策，而无须人工干预；二是支持利用以太坊的应用研究，以自动检测浮动碎片。

美国国家科学基金会对区块链的研发支持
集中在可扩展性、公平性和多行业应用领域

美国国家科学基金会（National Science Foundation, NSF）在区块链领域的项目资助主要集中在区块链的可扩展性、公平性以及在制造、环保、医疗、交通、能源等领域的应用，数字货币领域的研究也得到了NSF的支持（见表10.3）。

表10.3			NSF重点支持的区块链领域（只列举部分）
序 号	批准年份	金额（万美元）	内 容
1	2019	49.999 9	主题：区块链公平 核心内容：寻求解决区块链系统中普遍存在的公平性缺陷，研发适用的设计原则和技术
2	2019	49.906 8	主题：在气候治理中使用分布式账本技术 核心内容：研究将分布式账本技术应用于气候治理中可能面临的制约和挑战
3	2017、2019（持续资助）	44.485 1	主题：区块链的测量、分析和新应用 核心内容：开发一种新的开源区块链分析工具BlockSci，验证机器学习方法（包括频谱图分析）对区块链中丰富数据的适用性
4	2019	30	主题：提高应用于医疗保健的区块链的可扩展性 核心内容：开发编码理论架构；设计方法，使受计算约束的设备能够以安全的方式协作验证区块；开发框架，允许受网络限制的设备能够优化其网络资源
5	2019	30	主题：通过区块链网络实现可持续的供应链 核心内容：开发区块链网络框架，连接农民、供应商和消费者
6	2019	22.5	主题：通过区块链和机器学习减少医疗保健中的索赔拒绝 核心内容：利用区块链、智能合约、非线性优化、自然语言处理等技术，预测发生索赔的可能性

（续表）

序号	批准年份	金额（万美元）	内　　容
7	2019	22.5	主题：用于分布式能源的可改造存储＋区块链模块 核心内容：为并网的分布式能源创建分布式分类账
8	2019	22.367 5	主题：用于互联和自动驾驶基础设施的区块链微服务 核心内容：建立可扩展的区块链网络，以在互联环境中访问智能基础架构，同时确保互联汽车数据的可信度和安全性
9	2018	49.977 3	主题：使用可扩展语义增强的区块链平台实现智能市场 核心内容：建立数据驱动的信任模型，实现区块链可扩展性
10	2015、2018 （持续资助）	31.970 5	主题：私人数字货币和封闭式支付社区——比特币支付的法律、法规和金融排斥 核心内容：监管机构如何应对比特币对支付领域和法律的挑战
11	2017	25.766 9	主题：使区块链私有且可靠地扩展 核心内容：研发新的理论框架和算法工具包，以确保支付渠道交易的可用性和服务质量

资料来源：整理自 NSF 网站。

区域篇 >>
REGIONAL
CHAPTER

第十一章 上海股权投资市场发展情况

 **2013—2019年上海股权投资市场投资情况分析**

 **2013—2019年上海股权投资市场投资概况**

    自2015年开始,随着我国双创事业的发展,上海市的股权投资案例数不断攀升并在2018年达到峰值。然而,因《资管新规》等政策调整导致金融市场整体资金面紧张,使得2018年股权投资市场新增资本同比下降严重,募资难度迅速提升,继而影响了投资市场,导致2019年全国股权投资市场投资节奏放缓,上海市也同样受此影响,获投企业数和投资金额同比下降了20.58%和47.19%(见图11.1)。

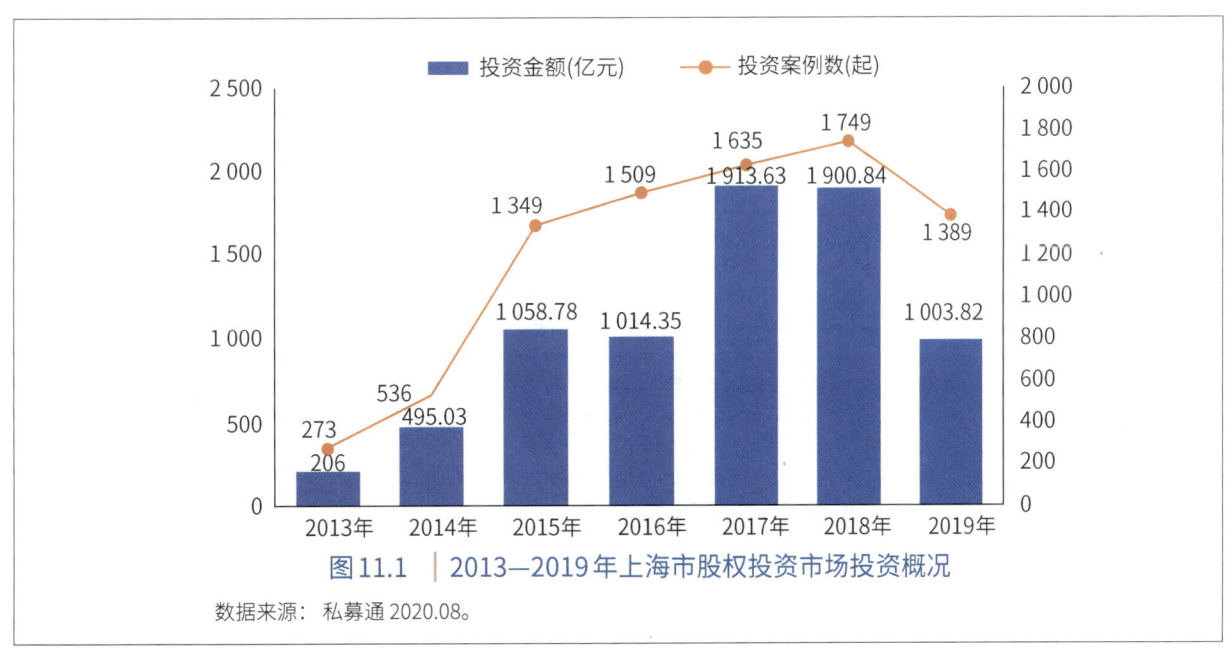

图11.1 │ 2013—2019年上海市股权投资市场投资概况

数据来源:私募通2020.08。

    2015年以后,全国各地股权投资市场蓬勃发展,上海市股权投资市场规模在全国的占比不断下降(见表11.1)。尽管如此,2019年上海股权投资市场的投资案例数和投资总金额均位于全国第三,仅次于北京市和广东省,依然是全国股权投资最活跃的地区之一。

表11.1	2015—2019年上海市股权投资市场投资情况					
时间	投资案例数（起）	同　比	投资金额（百万元人民币）	同　比	占全国比例
2015年	1 349	151.7%	105 877.55	113.9%	20.1%
2016年	1 509	11.9%	101 435.11	－4.2%	13.6%
2017年	1 635	8.3%	191 363.02	88.7%	15.8%
2018年	1 749	7.0%	190 087.38	－0.7%	17.6%
2019年	1 389	－20.6%	100 381.52	－47.2%	13.2%

数据来源：私募通 2020.08。

■ 2019年上海股权投资市场投资机构类型分布

2019年活跃在上海股权投资市场的投资机构中，从机构类型来看，在投资金额和案例数方面，PE机构均占比最高。

在投资金额方面，PE机构投资超过712.90亿元人民币，占比为71.0%。VC机构投资金额超过274.19亿元人民币，占比为27.3%。早期机构投资16.72亿元人民币，占比为1.7%。

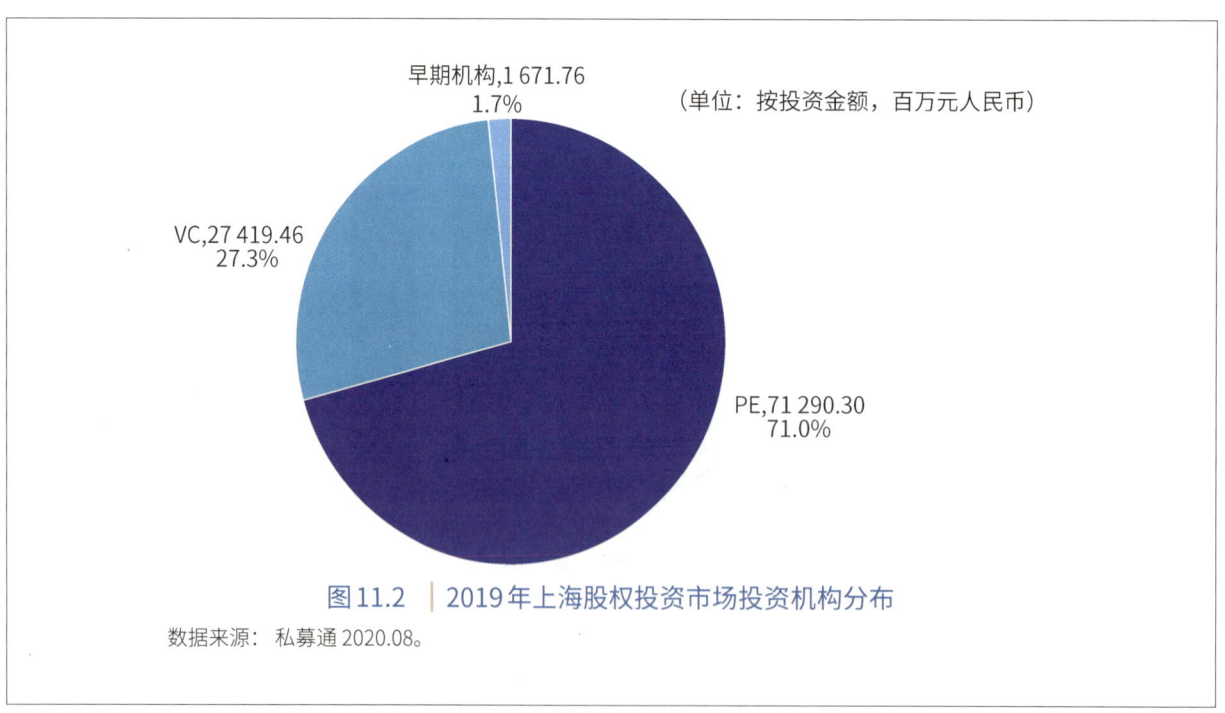

早期机构,1 671.76
1.7%

（单位：按投资金额，百万元人民币）

VC,27 419.46
27.3%

PE,71 290.30
71.0%

图11.2　2019年上海股权投资市场投资机构分布

数据来源：私募通 2020.08。

在投资案例数量方面，2019年上海股权投资市场PE机构投资579起，占比为41.7%；VC机构投资610起，占比为43.9%；早期机构投资200起，占比为14.4%（见图11.3）。

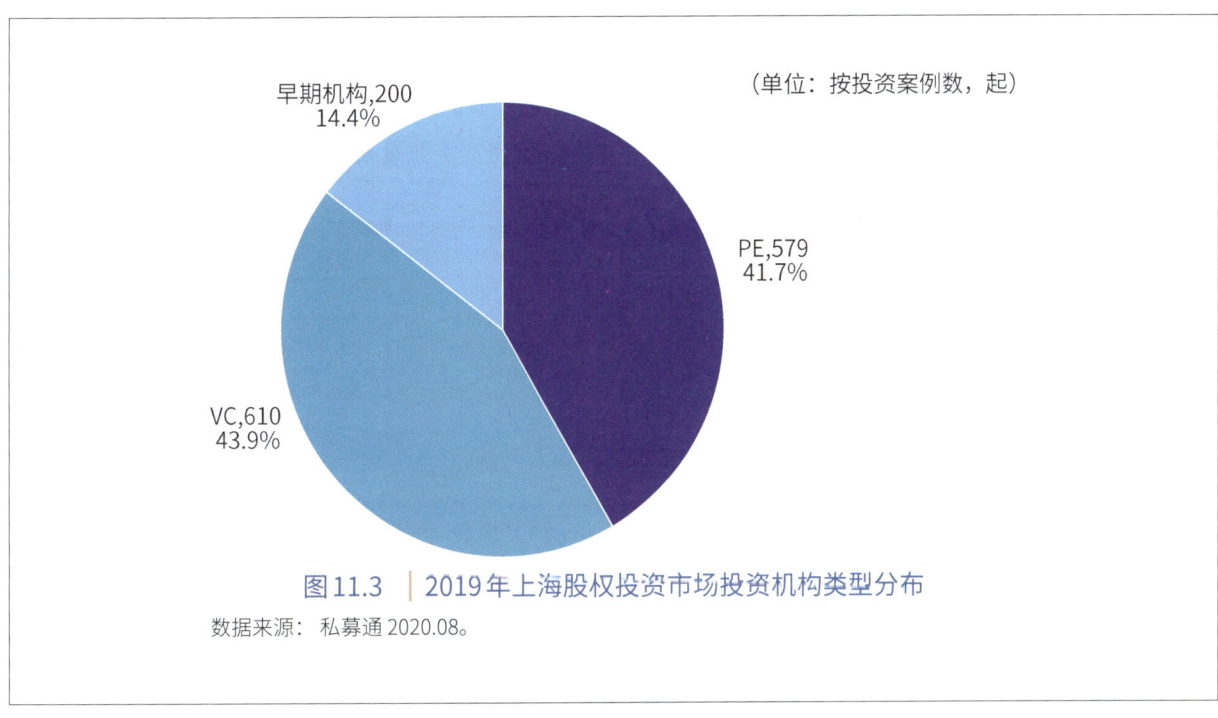

（单位：按投资案例数，起）

早期机构,200
14.4%

PE,579
41.7%

VC,610
43.9%

图11.3 ｜2019年上海股权投资市场投资机构类型分布

数据来源：私募通 2020.08。

受国内经济形势与政策环境影响，2019年全国股权投资市场相较2018年而言，整体呈现下降的趋势，全国股权投资市场2019年投资金额同比下降29.3%，投资案例数同比下降17.8%。

2019年上海股权投资市场投资相较2018年，下降幅度较大，投资金额同比下降47.2%，投资案例数同比下降20.6%。从机构类型来看，2019年投资金额下降幅度较大的为PE机构，投资金额近乎腰斩，但投资案例数仅下降7.7%。受宏观经济影响，PE机构出手更加谨慎，单个案例的投资金额快速下降（见表11.2）。

表11.2	2019年上海股权投资市场投资机构类型分布				（单位：按投资案例数,起）	
机构类型	2018年投资金额（百万元）	2019年投资金额（百万元）	同　比	2018年投资案例数（起）	2019年投资案例数（起）	同　比
早期机构	2 591.36	1 671.76	− 35.5%	341	200	− 41.3%
VC	42 666.53	27 419.46	− 35.7%	781	610	− 21.9%
PE	144 829.49	71 290.30	− 50.8%	627	579	− 7.7%
总计	190 087.38	100 381.52	− 47.2%	1 749	1 389	− 20.6%

数据来源：私募通 2020.01。

■ 2019年上海股权投资市场投资阶段分布

2018年与2019年，上海股权投资市场投资阶段分布呈现出相同的趋势。从投资金额来看，上海股权投资市场中，扩张期的投资金额最高，其次是成熟期和初创期。从投资案例数量来看，扩张期、初创期和种子期的投资案例数量最多（见图11.4和图11.5）。

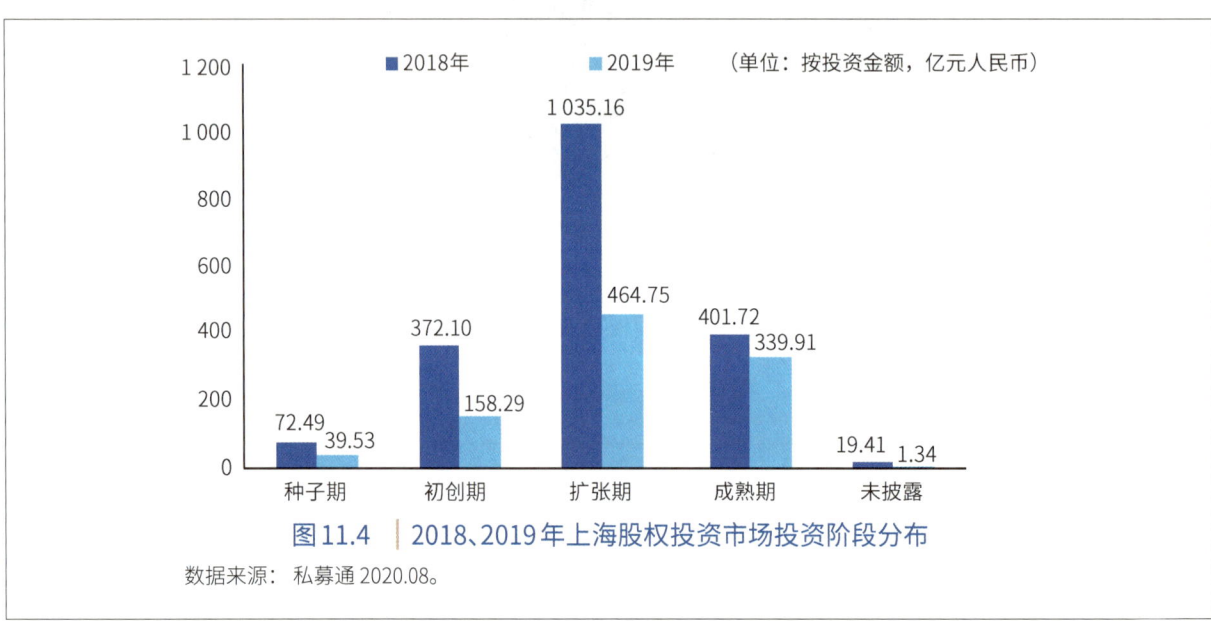

图11.4 │ 2018、2019年上海股权投资市场投资阶段分布

数据来源：私募通 2020.08。

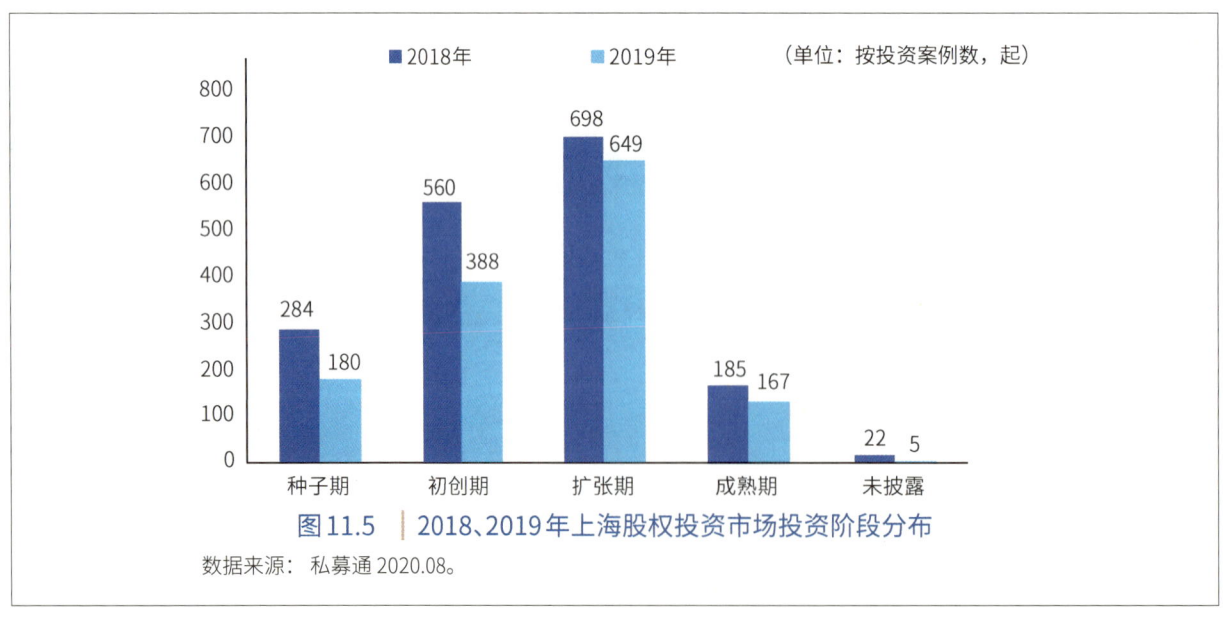

图11.5 │ 2018、2019年上海股权投资市场投资阶段分布

数据来源：私募通 2020.08。

■ 2019年上海股权投资市场投资区域分布

2019年，上海股权投资市场各区投资均呈现下降趋势。上海市股权投资市场浦东新区投资案例数441起，投资金额333.26亿元，均高居榜首，但同比下滑明显，分别下滑11.45%和26.62%。2019年上海嘉定区、杨浦区、闵行区投资案例数均超过100起（见表11.3）。

表11.3	2019年上海股权投资市场投资区域分布			
总部所在地	投资案例数（起）	同　比	投资金额（亿元人民币）	同　比
浦东新区	441	－ 11.45%	333.26	－ 26.62%
嘉定区	141	－ 2.76%	51.36	－ 41.94%
杨浦区	114	－ 16.79%	68.63	40.62%
闵行区	104	－ 27.27%	61.63	－ 57.31%
徐汇区	84	－ 24.32%	61.44	－ 72.50%
宝山区	68	－ 6.85%	43.36	－ 17.49%
奉贤区	59	－ 1.67%	21.14	－ 16.34%
长宁区	57	－ 30.49%	38.21	－ 86.85%
普陀区	55	17.02%	26.13	－ 31.51%
青浦区	54	－ 12.90%	62.19	－ 52.58%
虹口区	45	－ 37.50%	24.71	－ 45.12%
崇明区	44	－ 38.89%	24.19	－ 54.48%
松江区	42	－ 25.00%	27.27	－ 82.62%
金山区	33	－ 31.25%	11.66	－ 8.83%
静安区	32	－ 49.21%	108.90	162.85%
黄浦区	15	－ 31.82%	32.31	－ 54.84%
未披露	1	－ 98.28%	7.43	－ 67.77%
总　计	1 389	－ 20.58%	1 003.82	－ 47.19%

数据来源：私募通 2020.08。

■ 2019年上海股权投资市场投资行业分布

2019年上海股权投资市场投资热度集中在IT、互联网和生物医药行业。2019年，上海市股权投资市场IT行业的投资案例数最高，为350起；生物医药行业的投资金额最高，为276.80亿元（见图11.6）。

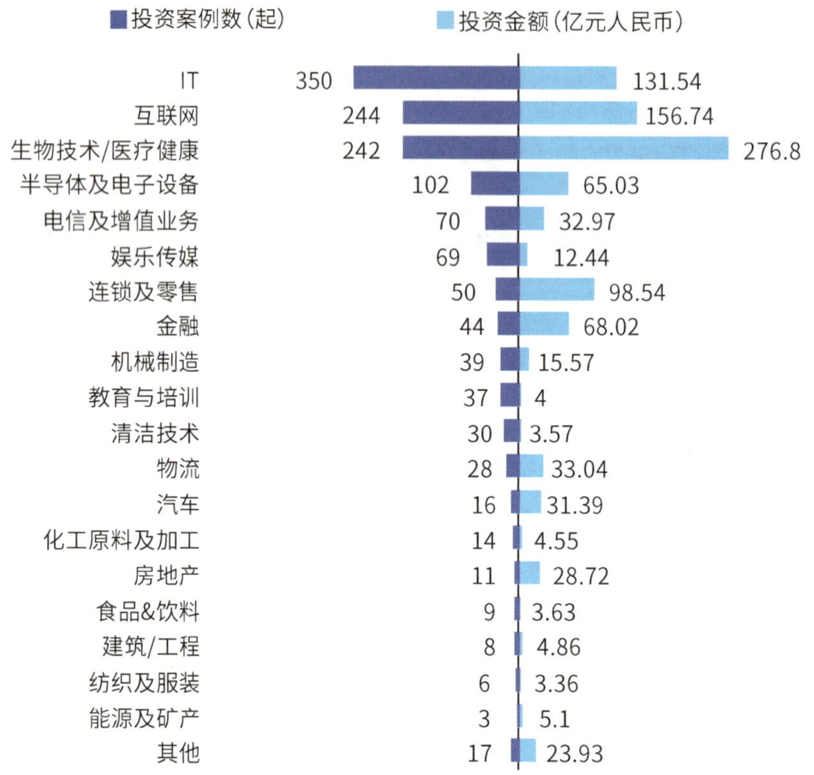

■ 投资案例数（起）　　■ 投资金额（亿元人民币）

行业	投资案例数（起）	投资金额（亿元人民币）
IT	350	131.54
互联网	244	156.74
生物技术/医疗健康	242	276.8
半导体及电子设备	102	65.03
电信及增值业务	70	32.97
娱乐传媒	69	12.44
连锁及零售	50	98.54
金融	44	68.02
机械制造	39	15.57
教育与培训	37	4
清洁技术	30	3.57
物流	28	33.04
汽车	16	31.39
化工原料及加工	14	4.55
房地产	11	28.72
食品&饮料	9	3.63
建筑/工程	8	4.86
纺织及服装	6	3.36
能源及矿产	3	5.1
其他	17	23.93

图11.6 ｜ 2019年上海股权投资市场投资行业分布

数据来源：私募通2020.08。

2019年上海市股权投资市场连锁及零售行业投资金额上升最快,同比上升252.53%(见表11.4)。其中,大额案例包括阿里资本投资红星美凯龙,博裕资本投资城家公寓,以及腾讯投资震坤行。

表11.4	2019年上海股权投资市场投资行业分布			
行　业	投资案例数(起)	同　比	投资金额(亿元人民币)	同　比
IT	350	－ 5.66%	131.54	－ 33.62%
互联网	244	－ 32.60%	156.74	－ 11.47%
生物技术/医疗健康	242	－ 5.47%	276.80	9.65%
半导体及电子设备	102	39.73%	65.03	135.80%
电信及增值业务	70	－ 38.05%	32.97	－ 82.02%
娱乐传媒	69	－ 31.68%	12.44	－ 64.25%
连锁及零售	50	28.21%	98.54	252.53%
金　融	44	－ 60.36%	68.02	－ 82.13%
机械制造	39	－ 11.36%	15.57	－ 12.17%
教育与培训	37	－ 40.32%	4.00	－ 84.90%
清洁技术	30	7.14%	3.57	－ 80.93%
物　流	28	－ 28.21%	33.04	－ 90.35%
汽　车	16	－ 57.89%	31.39	－ 70.63%
化工原料及加工	14	40.00%	4.55	－ 44.85%
房地产	11	－ 50.00%	28.72	－ 47.86%
食品&饮料	9	43.75%	3.63	－ 6.70%
建筑/工程	8	－ 55.56%	4.86	50.90%
纺织及服装	6	－ 40.00%	3.36	115.33%
能源及矿产	3	50.00%	5.10	27.50%
其　他	17	－ 34.62%	23.93	－ 17.28%
总　计	1 389	－ 18.53%	1 003.82	－ 47.15%

数据来源:私募通2020.08。

 ## 2019年上海重点发展领域股权投资情况

2019年IT领域投资情况

根据清科研究中心数据,2019年上海市IT领域投资总数350起,占全国比重为16.2%;披露金额的共266

起交易,涉及交易规模131.54亿元,占全国比重为11.2%。上海市近年来大力发展大数据、人工智能、云计算等产业。2017年上海市政府发布《关于本市推动新一代人工智能发展的实施意见》,推动人工智能和实体经济、创新创业深度融合,加快数据资源共享开放,至2019年,上海市已实现人工智能在教育、交通、医疗和金融等多个应用场景落地,新一代信息技术的发展成为上海智慧城市建设的重要保障。在投资市场上,专注于大数据和人工智能基础软件研发、计算芯片研发、云平台运营服务的企业在2019年获得多起大额融资,如星环科技、黑芝麻智能、扩博智能、有孚网络等。根据中国信通院发布的《2019中国数字经济发展与就业白皮书》,上海市数字经济发展已占据主导地位,数字经济GDP超过50%。

分二级行业来看,IT服务领域投资活跃度和投资规模均位居第一,2019年共发生投资211起,披露金额的交易规模达63.48亿元人民币,平均交易金额为4 122万元。排名第二的是软件领域,2019年共发生投资77起,披露金额的交易规模达50.29亿元,平均交易金额最高,达到8 823万元。硬件领域排名第三,共发生投资62起,披露金额的交易规模达17.77亿元,平均交易金额为3 231万元(见表11.5)。

表11.5	2019年上海市IT领域分二级行业投资情况					
二级行业	案例总数(件)	比　　例	披露金额的案例数(件)	投资金额(百万元)	比　　例	平均投资金额(百万元)
IT服务	211	60.3%	154	6 347.79	48.3%	41.22
软　件	77	22.0%	57	5 028.93	38.2%	88.23
硬　件	62	17.7%	55	1 777.15	13.5%	32.31
总　计	350	1	266	13 153.87	100.00%	49.46

数据来源:私募通 2020.08。

从投资轮次来看,A轮融资数量最高,达到169起,占比为48.3%;投资金额各轮次分布相对分散(见图11.7)。分投资阶段来看,扩张期投资数量和投资金额均位居第一,分别为171起和85.28亿元(见图11.8)。从上海市各区域投资情况来看,浦东新区投资数量和投资金额均位居第一,分别为113起和40.32亿元(见图11.9)。

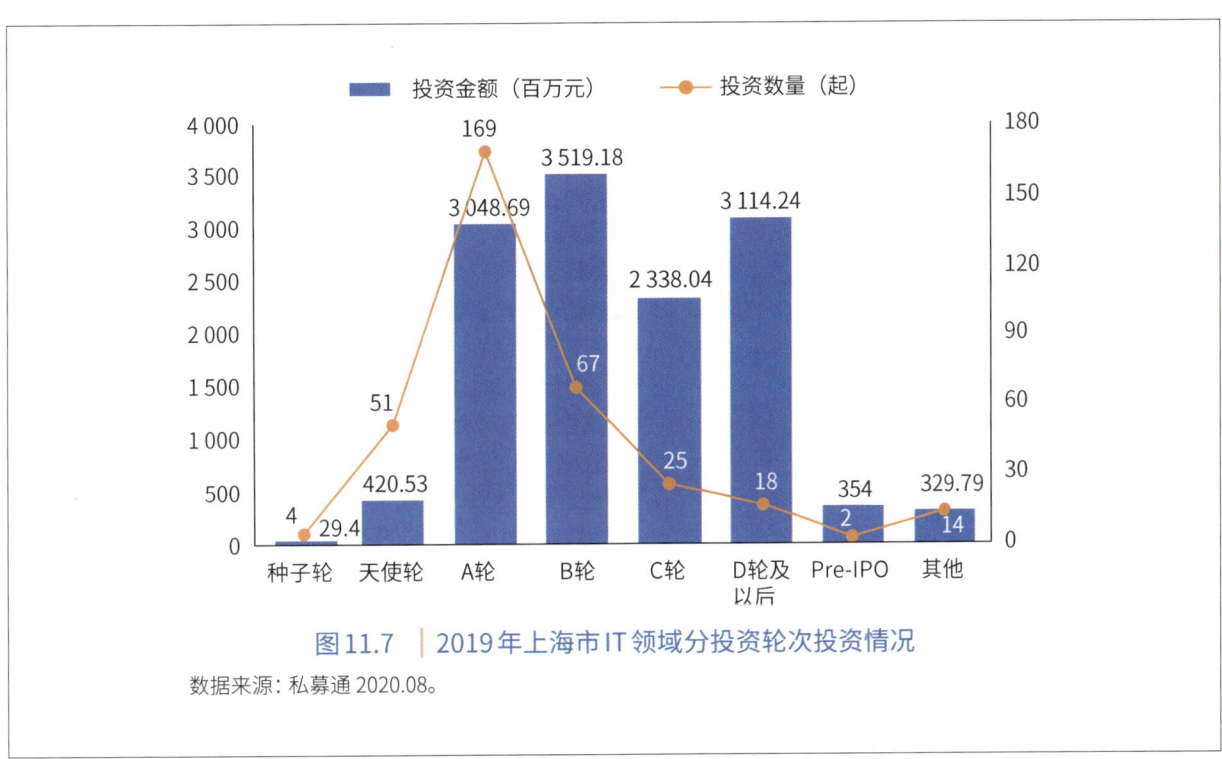

图11.7 │ 2019年上海市IT领域分投资轮次投资情况

数据来源：私募通 2020.08。

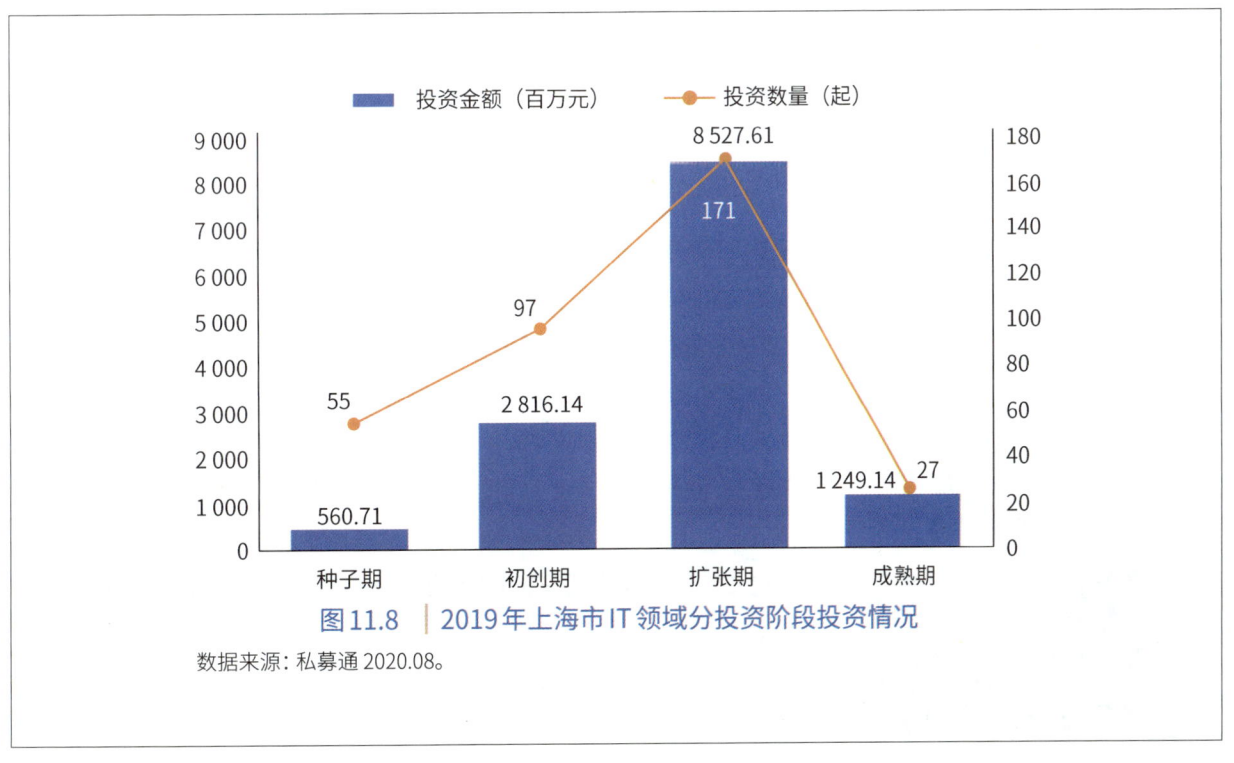

图11.8 │ 2019年上海市IT领域分投资阶段投资情况

数据来源：私募通 2020.08。

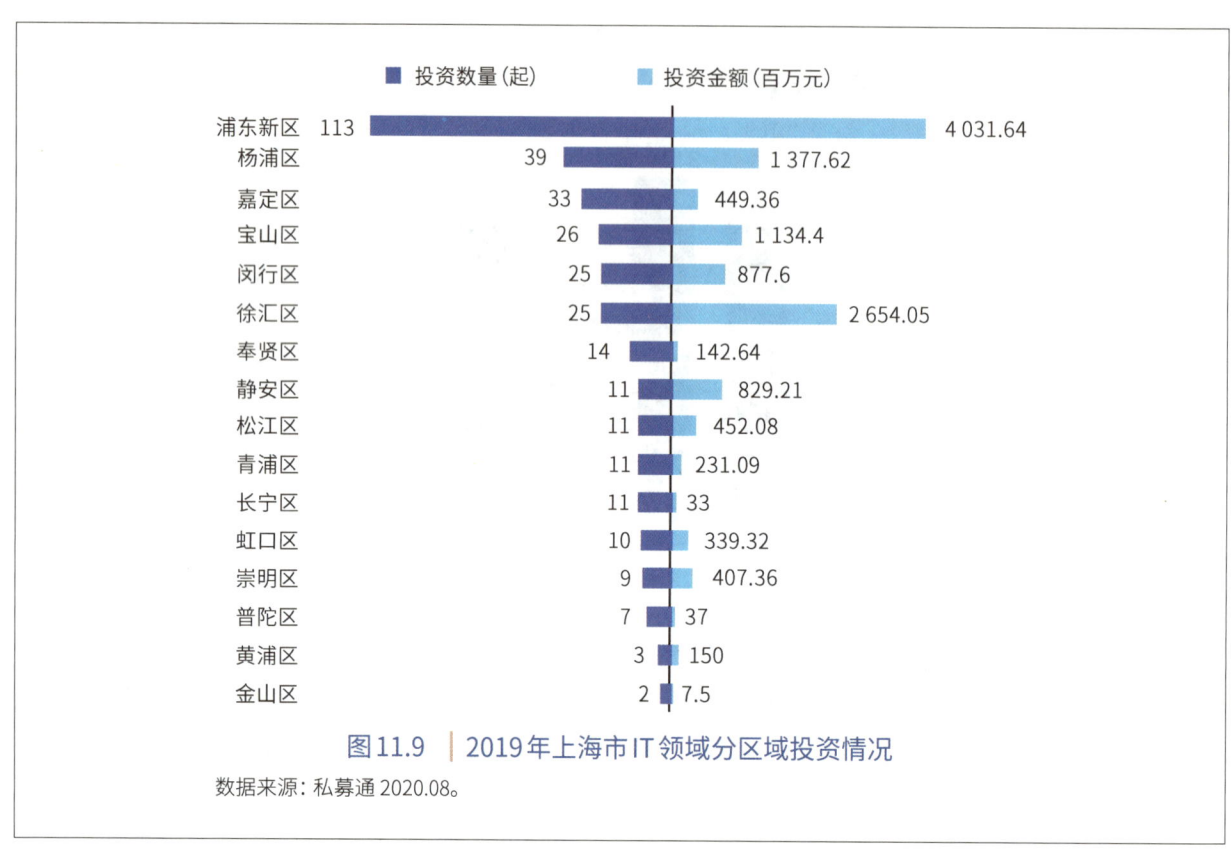

■ 投资数量（起）　■ 投资金额（百万元）

区域	投资数量	投资金额
浦东新区	113	4 031.64
杨浦区	39	1 377.62
嘉定区	33	449.36
宝山区	26	1 134.4
闵行区	25	877.6
徐汇区	25	2 654.05
奉贤区	14	142.64
静安区	11	829.21
松江区	11	452.08
青浦区	11	231.09
长宁区	11	33
虹口区	10	339.32
崇明区	9	407.36
普陀区	7	37
黄浦区	3	150
金山区	2	7.5

图11.9 ｜ 2019年上海市IT领域分区域投资情况

数据来源：私募通2020.08。

■ 2019年生物技术/医疗健康领域投资情况

根据清科研究中心数据，2019年上海市生物技术/医疗健康领域投资总数242起，在全国占比为20.4%；披露金额的共213起交易，涉及交易规模达276.80亿元，在全国占比为27.2%。生物医药产业是上海市战略性新兴产业的重要支柱。2018年上海市发布《促进上海市生物医药产业高质量发展行动方案（2018—2020年）》，依托上海市科研机构、高端人才聚集的重要优势，促进创新药、高端医疗器械核心技术研发和成果转换的攻关落地。不少医药企业也选择将研发中心落地上海。2019年的投资市场上，医药研发企业如艾力斯医药、鼎航医药、科望生物等均获得大额融资，集医疗器械制造、医疗服务为一体的乐普医疗、联影医疗等也获得投资人的青睐。此外，体检中心、医院等提供医疗服务的企业如美年健康、唯儿诺儿科等也在2019年获得大额融资。

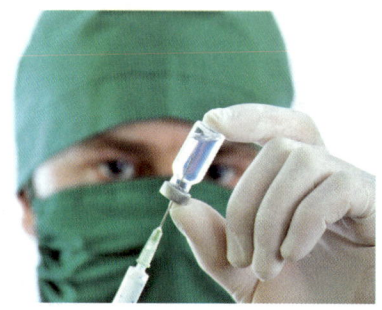

分二级行业来看，医药领域投资活跃度位居第一，2019年共发生投资78起，披露金额的交易规模达84.13亿元人民币，平均交易金额为1.22亿元。第二位是医疗设备领域，2019年共发生投资58起，披露金额的交易规模达26.91亿元，平均交易金额为5 078万元。医疗服务领域投资规模位居第一,共发生投资49起,披露金额的交易规模达132.99亿元,平均交易金额为3.17亿元。生物工程领域共发生投资43起,披露金额的交易规模达26.75亿元,平均交易金额为7 040万元(见表11.6)。

表11.6	2019年上海市生物技术/医疗健康领域分二级行业投资情况					
二级行业	案例总数(件)	比　例	披露金额的案例数(件)	投资金额(百万元)	比　例	平均投资金额(百万元)
医　药	78	32.2%	69	8 413.06	30.4%	121.93
医疗设备	58	24.0%	53	2 691.27	9.7%	50.78
医疗服务	49	20.2%	42	13 298.75	48.0%	316.64
生物工程	43	17.8%	38	2 675.19	9.7%	70.40
其　他	14	5.8%	11	601.48	2.2%	54.68
总　计	242	1	213	27 679.75	100.00%	129.95

数据来源: 私募通 2020.08。

从投资轮次来看,A轮融资数量最高,达到110起,占比为45.5%;投资金额各轮次分布相对分散(见图11.10)。分投资阶段来看,扩张期投资数量最高,达到112起;成熟期投资规模高企,2019年投资总额为136.42亿元(见图11.11)。从上海市各区域投资情况来看,浦东新区投资数量和投资金额均位居第一,分别为135起和111.17亿元(见图11.12)。

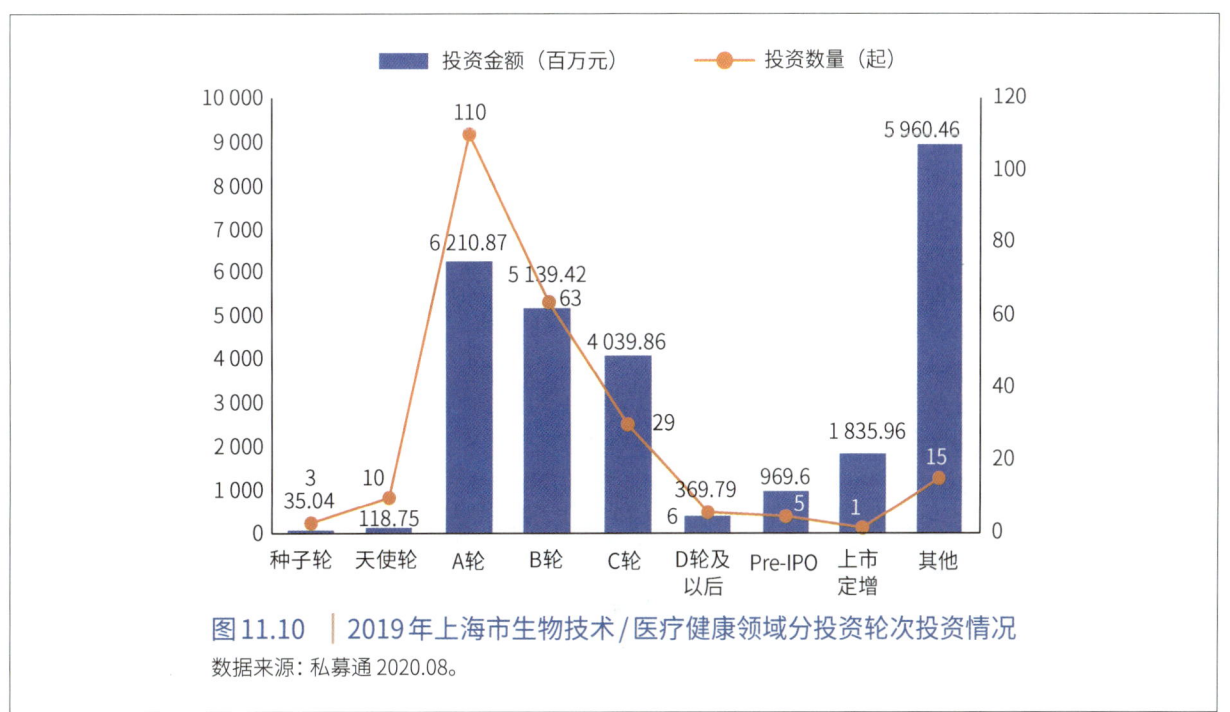

图11.10 ｜ 2019年上海市生物技术/医疗健康领域分投资轮次投资情况
数据来源: 私募通 2020.08。

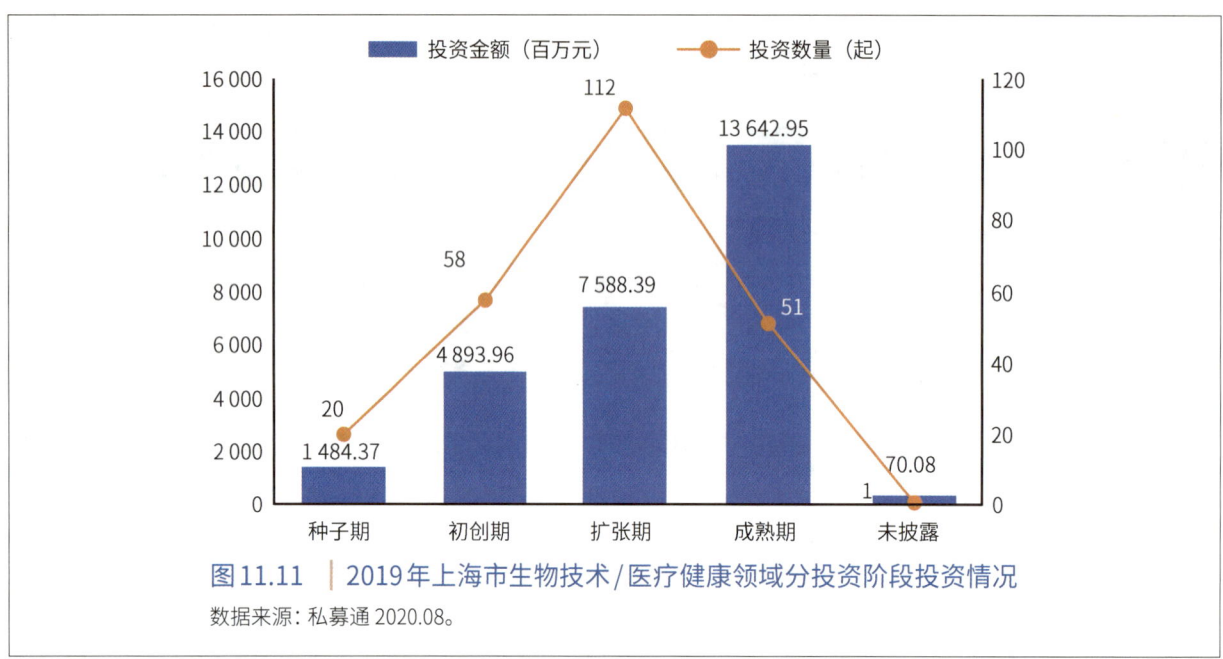

图11.11 | 2019年上海市生物技术／医疗健康领域分投资阶段投资情况

数据来源：私募通 2020.08。

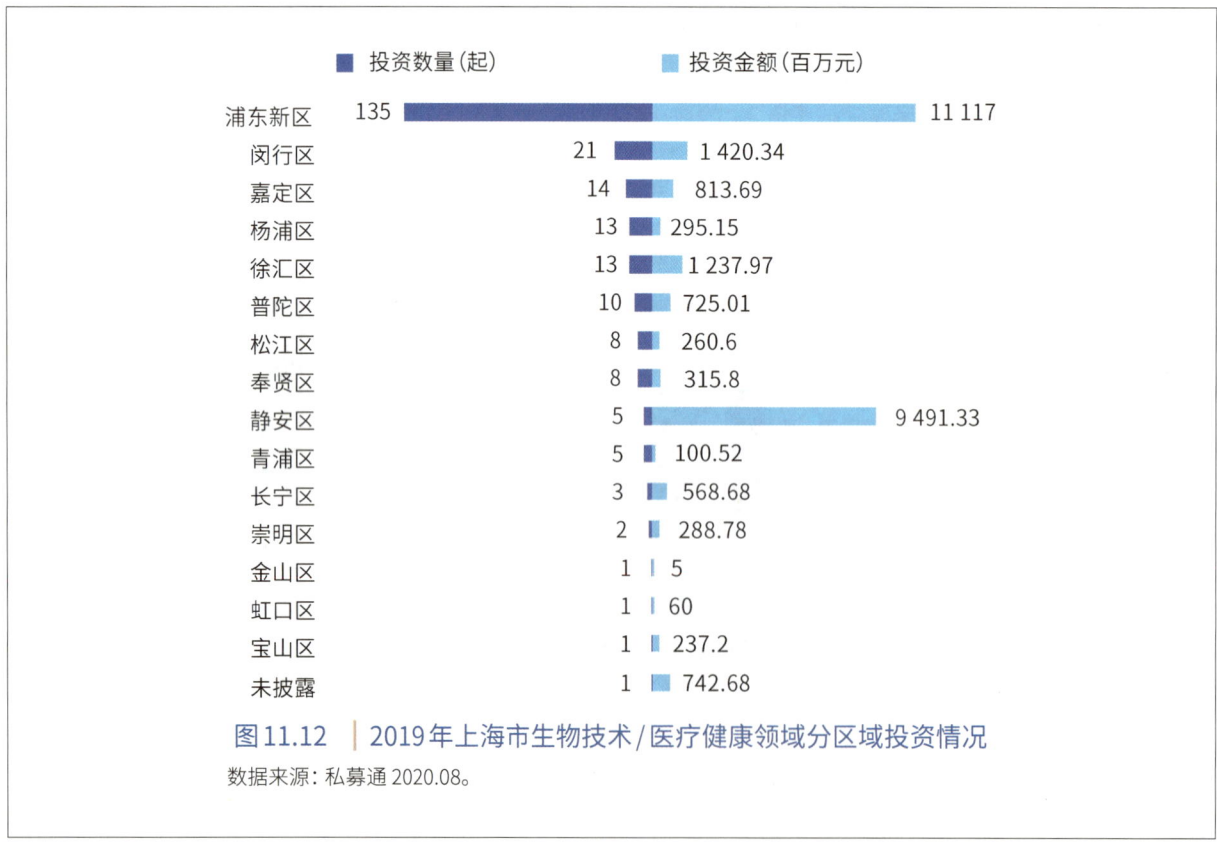

图11.12 | 2019年上海市生物技术／医疗健康领域分区域投资情况

数据来源：私募通 2020.08。

2019年半导体及电子设备领域投资情况

据清科研究中心数据,2019年上海市半导体及电子设备领域投资总数102起,占全国的比重为14.6%;披露金额的共83起交易,涉及交易规模65.03亿元,占全国的比重为16.3%。根据公开信息,2019年1至9月,上海集成电路产业销售收入合计为952.3亿元,较上一年同期增长17.2%。其中,设计业、芯片制造业、封装业及设备材料业增幅也分别达到11.5%、18.9%、30%和4.2%。受中美贸易摩擦影响,我国半导体产业受到一定的负面影响,同时也成为各地重点支持发展的产业之一。在股权投资市场整体降温的情况下,半导体及电子设备领域投资热度逆势增长,获得大额投资的企业包括景略半导体、默升半导体、澜起科技等,其中,澜起科技已于2019年7月在科创板上市。

分二级行业来看,半导体领域投资活跃度和投资规模均位居第一,2019年共发生投资62起,披露金额的交易规模为51.07亿元人民币,平均交易金额为9 457万元。第二位是电子设备领域,2019年共发生投资26起,披露金额的交易规模为11.76亿元,平均交易金额为5 882万元。光电领域共发生投资12起,披露金额的交易规模为2.11亿元,平均交易金额为3 016万元(见表11.7)。

表11.7	2019年上海市半导体及电子设备领域分二级行业投资情况					
二级行业	案例总数(件)	比 例	披露金额的案例数(件)	投资金额(百万元)	比 例	平均投资金额(百万元)
半导体	62	60.8%	54	5 106.81	78.5%	94.57
电子设备	26	25.5%	20	1 176.30	18.1%	58.82
光 电	12	11.8%	7	211.13	3.2%	30.16
其他电子产品	2	2.0%	2	9.00	0.1%	4.50
总 计	102	1	83	6 503.24	100.00%	78.35

数据来源:私募通 2020.08。

从投资轮次来看,投资数量和投资金额集中在A/B/C轮,A轮投资数量最高,达到39起,C轮投资规模最高,共23.10亿元(见图11.13)。从投资阶段来看,扩张期投资数量和投资金额均位居第一,分别为43起和35.86亿元(见图11.14)。从上海市各区域投资情况来看,浦东新区投资数量和投资金额均位居第一,分别为66起和43.01亿元(见图11.15)。

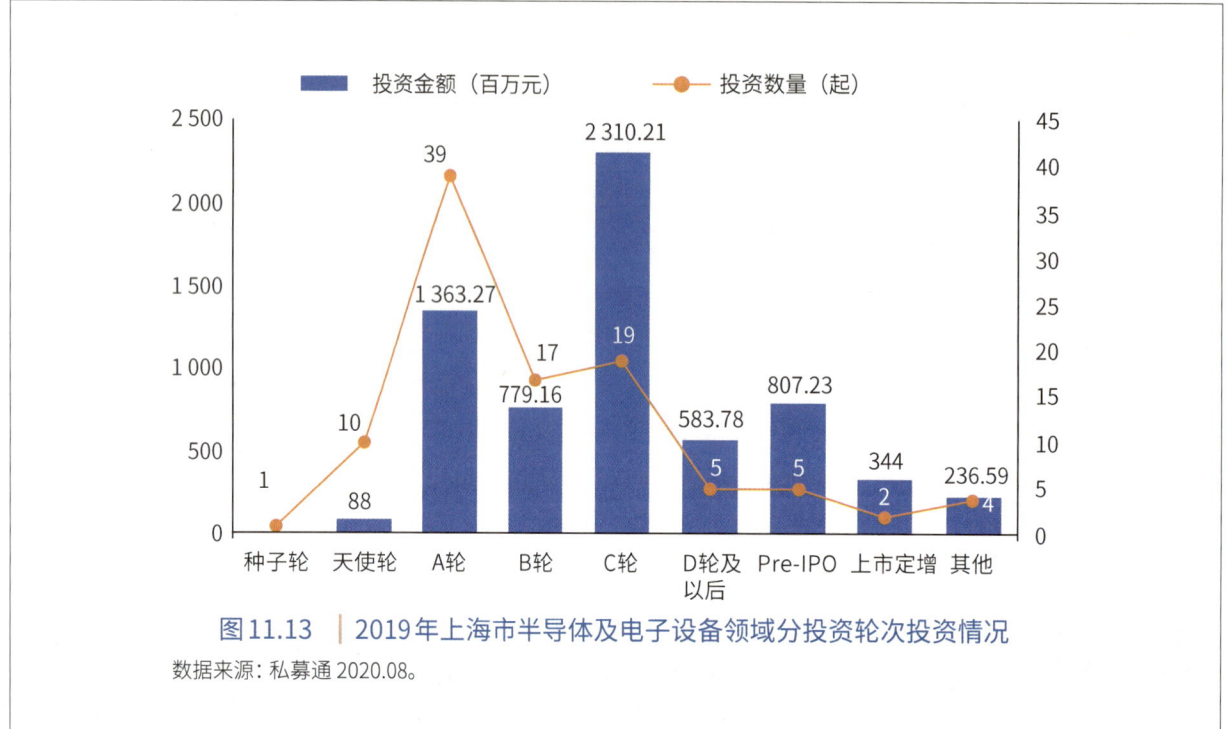

图 11.13 | 2019年上海市半导体及电子设备领域分投资轮次投资情况

数据来源：私募通 2020.08。

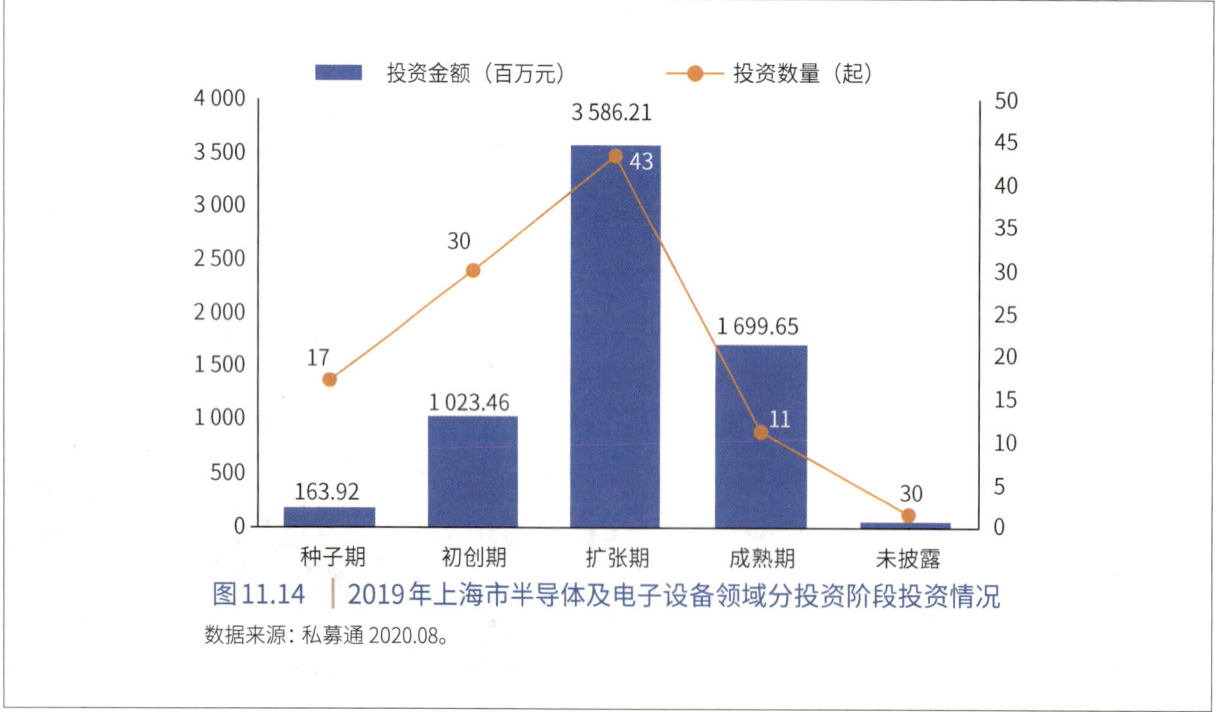

图 11.14 | 2019年上海市半导体及电子设备领域分投资阶段投资情况

数据来源：私募通 2020.08。

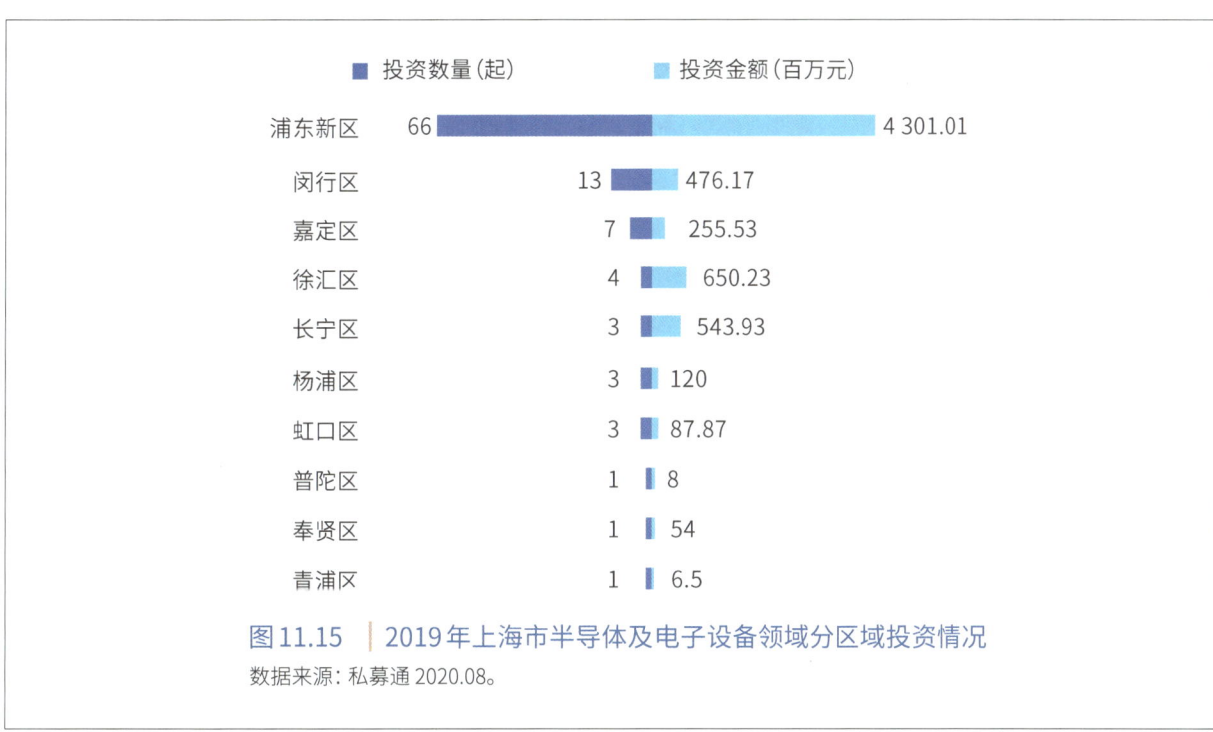

■ 投资数量(起)　　　■ 投资金额(百万元)

浦东新区　66　　　　　　　　　　　　4 301.01
闵行区　13　476.17
嘉定区　7　255.53
徐汇区　4　650.23
长宁区　3　543.93
杨浦区　3　120
虹口区　3　87.87
普陀区　1　8
奉贤区　1　54
青浦区　1　6.5

图11.15 | 2019年上海市半导体及电子设备领域分区域投资情况

数据来源: 私募通 2020.08。

第十二章　陕西省科技金融专营服务机构发展

陕西省科技金融及专营机构发展的总体情况

近年来,陕西省陆续出台了《关于进一步促进科技和金融结合的若干意见》《陕西省促进科技成果转化若干规定》《陕西省科技成果转化引导基金直接投资项目实施细则》和《陕西省科技成果转化引导基金科技众创微种子类子基金实施细则》等相关政策。在政策指引下,陕西省不断提升科技成果转化引导基金(以下简称"引导基金")对创新驱动的支撑能力,采用投贷联动、风险补偿等多种举措推动科技金融工作向纵深进展。伴随着陕西省科技金融工作的开展,陕西科控投资管理有限责任公司、陕西股权交易中心等各类专营机构不断涌现和发展壮大,在缓解陕西省科技型企业融资难、融资贵等问题中发挥出了重要作用。

陕西省专营机构的主要类型

根据建设主体,我们将陕西省专营机构分为以下两类。一是由政府主导设立的专营机构。这类专营机构是在政府引导各类金融机构和民间资金参与科技创新活动的背景下应运而生的,并与本地区其他金融机构和中介机构建立了广泛合作关系,为科技型企业提供融资服务。主要包括陕西股权交易中心、陕西省创业投资协会、国家开发银行陕西分行科技金融处、陕西科控投资管理有限责任公司、浦发银行西安分行科技金融服务中心、西安科技金融服务中心、西安企业资本服务中心有限公司、西安高新技术产业风险投资有限责任公司(以下简称"西高投")等。二是由市场主导设立的专营机构。这类专营机构的服务和运营多是一种市场化行为或企业行为,它们通常是在认识到科技资源与金融资源结合的重要性及市场巨大潜力的前提下产生的,如西安中科创星科技孵化器有限公司等。

陕西省专营机构的主要服务模式

政府主导设立的专营机构通过审批企业和金融机构的申请,提供科技信贷及建立项目对接等方式来完成融资活动,并在此过程中构建企业信用体系,完善专业知识培训,规范企业运营管理。对于企业而言,这类平台既是融资渠道,也是各类政策信息的窗口。

市场主导设立的专营机构以自身作为融资平台,根据科技型企业的特点,通过金融、信用等工具的组合运用和模式创新,以信息化手段为基础,实现科技资源和金融资源的有效对接,从中探索持续盈利模式(见表12.1)。

表12.1		陕西省专营机构的主要服务模式示例	
类型	名称	主要建设主体	主要服务模式
政府主导型	陕西股权交易中心	政府＋非银行类金融机构	进行企业规范培育、融资服务、股权登记托管和资本市场中介服务
	陕西省创业投资协会	政府＋协会组织	搭建政府、企业与金融机构对话平台,推动创投行业自律服务
	国家开发银行陕西分行科技金融处	政府＋银行类金融机构	依托银行部门,采用科技信贷、投贷联动等手段支持科技型企业发展
	陕西科控投资管理有限责任公司	政府	以政府引导基金为主要载体,面向科技成果转化进行股权投资
	西安科技金融服务中心	政府	设立区域科技金融服务平台,联合商业银行、担保公司、信托公司等为科技型企业提供贷款贴息、股权投入、风险补偿、融资担保、政府增信、奖励补助等服务
	西安企业资本服务中心有限公司	政府＋非银行类金融机构	以区域股权资本市场为依托,构建"科技型企业＋西安资本(资本市场平台、政策运用平台、信用数据运用平台)＋金融服务"的链条式服务
市场主导型	中科创星科技孵化器有限公司	企业	建立"研究机构＋天使基金＋孵化器＋创业培训"为一体的科技创业生态网络体系

 ## 陕西省专营机构开展科技金融的主要特色

总体而言,围绕政府主导和市场主导两种类型,陕西省专营机构形成了具有一定特色的发展模式(见图12.1)。

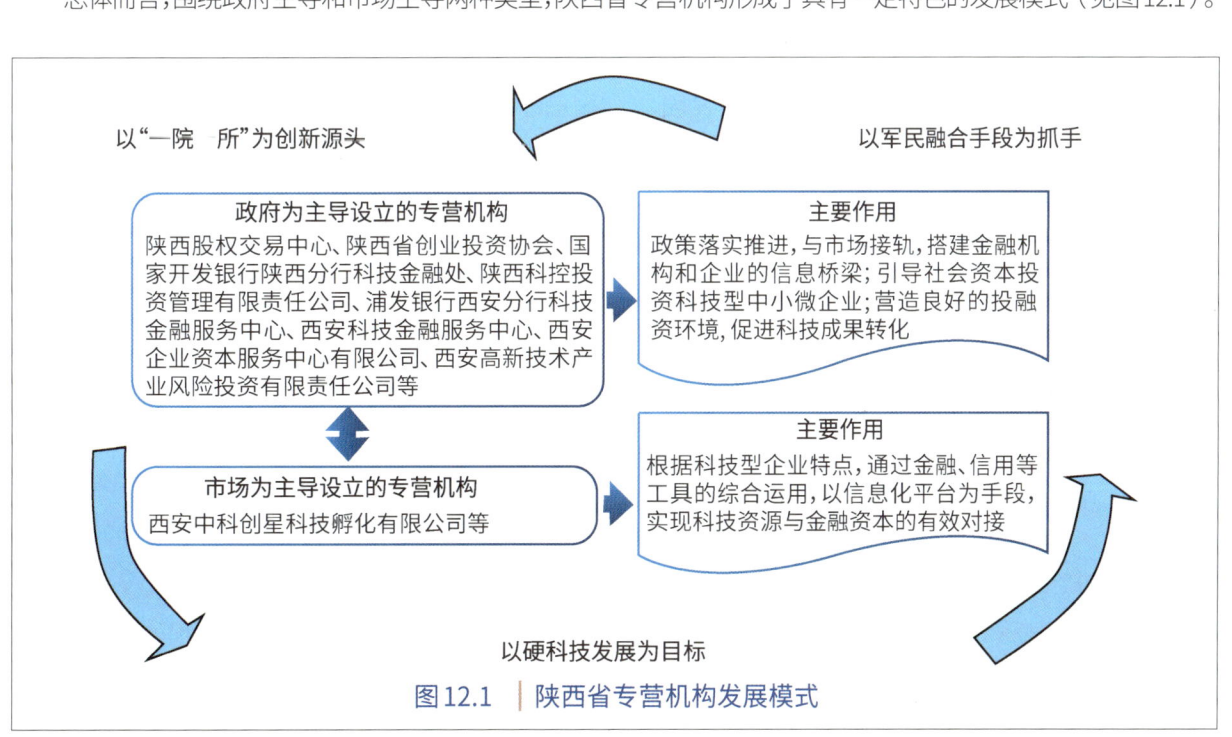

图12.1 | 陕西省专营机构发展模式

陕西省专营机构形式多样,科技金融工作的开展主要围绕以下四条主线进行。

■ **聚焦陕西省创新源头"一院一所",促进战略性新兴产业发展**

"一院一所"模式是陕西省实施创新驱动发展战略的重要抓手。陕西省专营机构围绕西安光机所和西北有色金属研究院的大胆实践,为陕西省经济发展带来了全新路径。

通过陕西省科技成果转化引导基金,助力"一院一所"模式形成和复制推广。陕西科控投资管理有限责任公司承担省级财政科技股权投入与引导基金的管理工作。引导基金既是"一院一所"模式形成的主要推动力量,更是模式复制推广的主力军。引导基金先后出资西安光机所体系的西科天使一期、二期、三期和先导光电这4个基金,共计出资1.2亿元,形成16.77亿元的基金规模,共孵化企业213家。为了在陕西全省范围内复制推广"一院一所"经验,陕西科技控股集团联合社会资本设立"陕西科研院所基金",总规模达7.14亿元,主要投资于在陕科研院所改制、科研院所科技成果转化与产业化。

加强与"一院一所"合作,推动战略性新兴产业布局和发展。国家开发银行陕西分行科技金融处加强与"一院一所"合作,助力战略新兴产业发展;目前,已经向我国首个低轨商业卫星物联网项目(该项目由西安光机所牵头)授信承诺2.2亿元,助力商业航天事业发展,以抢占全球宝贵的轨位及频率资源。

■ **围绕陕西省优势科技资源,部署军民融合领域**

作为军工大省和国防科技工业的重要基地,陕西省具有丰富的军民融合资源。陕西省科技金融服务专营机构致力于优化军民融合融资环境,推动军民融合发展。

建立军民融合发展融资合作机制,对军民融合项目予以政策倾斜。国家开发银行陕西分行科技金融处与陕西省政府签订《开发性金融支持陕西军民深度融合发展战略合作协议》,探索融资支持陕西省军民融合发展合作机制。国家开发银行陕西分行设立军民融合绿色审议通道,并在贷款规模、利率和贷款品种等方面予以政策性倾斜。

设立军融电子卫星基金，协助优势军工产业转型升级。陕西科技控股集团有限责任公司、西安国家民用航天产业基地、中国兵器集团和陕西电子信息集团等联合发起设立西安军融电子卫星基金，规模为4.2亿元，协助陕西省优势军工产业转型升级，促进陕西省电子信息和北斗卫星等产业集群实现跨越式发展。

创新"投+贷+保"模式，面向军民融合科技企业开展投贷联动。国家开发银行陕西分行科技金融处与航天四院、鲲鹏投资共同探索投贷联动机制，支持航天类军民融合科技企业发展。目前，已经成功实现陕西省首单"投+贷+保"联动新模式落地，完成了西安万德能源化学股份有限公司、西安全谱红外技术有限公司等4家初创期和成长期科创型企业的投贷联动工作。

■ 植根深厚创投土壤，积极探索中小微企业融资模式创新

陕西省具有较为深厚的创投土壤，如西安高新区是西安市与西部高新科技产业发展的前沿阵地，依托"双自联动"发展策略，在战略顶层设计、政策先行先试等方面具有突出优势。在这种创投环境中，更加容易催生中小微企业的融资需求。

发行创投中期票据，支持高新区小微企业股权融资。西高投2018年4月成功发行"创投中期票据"，该只债券募集资金全部用于西安高新区内的小微企业股权融资。"创投中期票据"的发行打通了"市场—平台—企业"三个环节，开辟了小微企业融资的新路径。

以可转债为突破口，构建中小微企业融资体系。2018年9月，规模为5 000万元的私募可转债于陕西股权交易中心成功备案发行。陕西股权交易中心作为陕西省唯一合法的区域性股权市场运营机构，以此次项目的备案发行为契机，进一步发挥多层次资本市场"塔基"作用，逐步构建以股权质押融资、定向增资和可转债发行为主的中小微企业融资服务体系。

设立承接"投贷联动"市场化平台，探索基于政府风险补偿的中小企业投贷联动模式。西安企业资本服务中心有限公司作为西安市投贷联动工作的承接载体和中小企业支持政策的综合运用平台，设立投贷联动项目储备库，与相关银行签订合作协议，助力西安企业上市"龙门行动计划"，建立起基于政府风险补偿的中小企业投贷联动模式。

■ 搭建科技与融资对接平台，创造多渠道培养科技金融人才

陕西省创业投资协会、西安科技金融服务中心等作为陕西省科技金融人才培养和企业培育的重要平台，全面推进创投行业自律服务等各项工作的开展。一是陕西省创业投资协会组织"创投机构进地市暨科技企业投融资对接会"系列活动，举办线上、线下"专题定向融资对接会"，聚集优质项目，持续搭建"双创"服务机制。2018—2019年，由陕西省创业投资协会等机构连续发起2届"创投经理训练营"，持续为陕西乃至全国的创投行业输送新鲜血液。二是西安科技金融服务中心建立西安创业投资联盟，为创业投资资本与优秀创业企业、项目提供交流合作平台，促进创业投资同业交流，推动创业投资机构联合开展业务。目前，联盟理事单位已经发展到182家，管理资金超过700亿元，联盟成员在西安地区累计投资金额已达22.6亿元。

 **第十三章　嘉兴科技金融发展模式**

近年来，浙江省嘉兴市以G60科创走廊建设为契机，推进以科技创新为核心的全面创新改革试验，促进科技与金融融合发展，初步形成了科技创新与金融创新良性互动、科技资源和金融资本高效对接的"嘉兴模式"，呈现出"强机制、全覆盖、升服务、拓渠道、扩市场、优环境"等特征。

■ 统筹科技金融发展机制

科技金融发展统筹推进。嘉兴市委、市政府高度重视科技金融生态体系建设，出台了《嘉兴市长三角最优金融生态区建设实施意见（2017～2020年）》《嘉兴市科技金融支持科技型中小企业发展的实施办法》《嘉兴市创建省科技金融改革创新试验区实施方案》《省科技金融改革创新试验区三年创建行动计划（2014～2016年）》和《省科技金融改革创新试验区深化创建行动方案（2017年）》等政策文件（见表13.1），初步形成了科技创新与金融创新良性互动、科技资源和金融资本高效对接的科技金融"嘉兴模式"，多次获省委、省政府领导批示肯定，并得到《浙江日报》《金融时报》《中国人民银行总行内刊》等刊物的报道推广。

表13.1	嘉兴市科技金融相关政策	
文 件 名 称	**出台年份**	**出 台 部 门**
《关于建设长三角最优金融生态区的实施意见（2017～2020年）》	2017	嘉兴市政府
《关于嘉兴市本级进一步推广应用创新券的实施意见》	2017	嘉兴市科学技术局、嘉兴市财政局
《嘉兴市科技金融支持科技型中小企业发展的实施办法》	2018	嘉兴市科学技术局、嘉兴市人民政府金融工作办公室、嘉兴市财政局、中共嘉兴市委人才工作领导小组办公室、嘉兴市经济和信息化委员会、中国人民银行嘉兴市中心支行、中国银监会嘉兴监管分局
《嘉兴市技术市场交易项目补助实施细则》	2018	嘉兴市科学技术局、嘉兴市财政局
《嘉兴市科技保险补贴实施办法（试行）》	2018	嘉兴市科学技术局、嘉兴市财政局、嘉兴市人民政府金融工作办公室
《深化嘉兴市级财政科技计划管理改革方案》	2018	嘉兴市科学技术局、嘉兴市财政局
《嘉兴市企业股改、上市（挂牌）新政二十条》	2018	嘉兴市金融办
《嘉兴G60科创走廊建设规划》	2019	嘉兴市科学技术局

科技金融实践基础深厚。嘉兴较早提出科技金融机构、支持企业入库，截至2017年12月末，市科技金融服务平台入会企业达5 997家，推出贷款产品69项，服务企业350余家。科技银行企业数据库入库企业1 725家，平台受理贷款申请11.41亿元。辖区金融生态环境不断优化，"长三角最优金融生态区"建设持续推进，截至2018年12月末，全市银行业不良贷款率为0.48%，不良率连续4年居全省最低，信贷资产质量居长三角16个核心城市首位。

科技金融服务经验丰富。嘉兴市深化政府引导、组织体系、产品服务、融资渠道和配套机制创新，搭建"五位一体"的科技金融服务体系，有力地提升了金融服务创业创新的力度和水平。截至2018年底，全市科技专营机构已扩充至24家，机构数量全省领先，并实现了县（市、区）全覆盖，对科技企业贷款余额达78.72亿元，同比增长52%。

科技创新综合实力较强。2019年，嘉兴市全社会研发经费支出占GDP比重达2.95%；全市专利权质押融资登记额33.4亿元，占浙江省总量的1/4。新认定国家高新技术企业实现两年翻番。高新技术产业增加值1 206亿元，同比增长9.8%，占规上工业增加值比重57.96%，总量、增速、占比"三提升"；高新技术产业投资495.2亿元，增长35.8%；技术交易额127.47亿元；全市万人发明专利达到33.04件；嘉兴秀洲高新区升格为国家高新技术产业开发区，在全省国家高新区评价中排名第三位；国家级特色产业基地、国家级科技企业孵化器实现县（市、区）全覆盖。

覆盖全市县域服务平台

科技金融服务系统上线运行。继嘉兴科技金融支持企业管理服务系统于2017年5月上线以来，嘉善、桐乡、平湖、海宁、海盐等地的系统也陆续上线。2018年底，嘉兴市在浙江省率先实现了县市区科技金融线上化管理平台的全覆盖，推动科技金融深度融合发展，缓解了嘉兴市科技型中小企业融资难的问题。平台上科技型中小企业从2017年的890家上升为2018年底的2 099家，并于2019年实现全市县域全覆盖后的第一次扩容。

线下活动有效对接。2018年，嘉兴科技金融服务平台在全市范围内共计举办各类科技金融活动20场，包括科技金融政策宣讲、金融机构产品介绍、投融资对接会等形式多样、内容丰富的线下活动，创新"线上化平台+线下推广运营"的方式。

完善科技信贷服务体系

建立全国首家科技保险公司。2018年，中国首家专业科技保险公司——太平科技保险股份有限公司——获得中国银保监会的批准在嘉兴成立。公司初步形成了以"技术保障+融资保障+创业保障+人才保障+科技应用"五大板块为支撑、"融资+融智+风险管理"的科技保险综合服务模式，持续推进点、线、面相结合的全新服务模式和配套产品体系建设,切实满足了科技领域不同周期、不同行业和不同层次的多元化风险管理需求。

科技银行设立持续突破。截至2017年底,嘉兴市科技金融专营机构总数达到16家,其中,15家商业银行科技专营机构纳入科技企业风险信贷补偿体系,实现县域全覆盖。截至2018年底,嘉兴市第一批科技金融机构认定入库嘉兴科技金融支持企业管理服务系统,科技银行由原来的3家增加至9家;9家科技银行授信余额达到43.26亿元,贷款余额达到27.99亿元。

科技贷款规模持续扩大。根据嘉兴科技金融支持企业管理服务系统的后台数据监测,截至2018年底,共有297家企业提出了351次科技贷款需求,金额达到60.64亿元。从区域分布上看,科技型企业数量较多的南湖区和秀洲区获得授信企业最多,超过总数的1/2;从所属行业上看,装备制造和电子信息行业占比分别为24.54%和23.31%;从企业类型上看,68.10%为浙江省科技型中小企业,35.58%为国家高新技术企业,28.22%为领军人才企业,11.66%为孵化器入驻企业,3.68%为嘉兴市专利示范企业;从授信金额上看,主要集中在500万元(含)以下,占比达到65.64%。

市级科技贷款利率保持较低水平。中国人民银行嘉兴中心支行数据显示,2018年嘉兴企业平均贷款年化利率为5.68%;就系统内133家次获得贷款的企业数据来看,有12%的企业享受了基准或低于基准利率的贷款,有69%的企业贷款利率低于平均水平。3家纳入财政风险补偿基金的银行平均贷款利率为4.95%,其中,中国农业银行的利率水平最低,仅为4.56%。

拓展创业风险投资渠道

打造南湖基金小镇。南湖基金小镇作为国内最早的私募股权投资基金小镇,"政府引导、市场化运作、创新主体参与"的小镇运作模式日益成熟,成为连接资本和产业的重要枢纽。基金小镇通过市场运作来招商引资,整合基金资源,建立了"基金小镇·投融圈"平台,举办了"金融科技"等投融对接活动;打造"预孵化—孵化—加速—产业化"的孵化体系、创业大赛、"政校行企"合作等。截至2019年底,基金小镇已引进红杉资本、硅谷天堂、蓝驰创投、赛富投资等知名基金企业超过7 000家,基金认缴规模达到1.55万亿元,实缴资金规模超过4 000亿元,成为推动产业发展的重要力量。

打造全球科创路演品牌。2019年4月,长三角全球科创路演中心正式启用,打造全球化、平台化、常态化的科创品牌,联合资本、技术、人才、交易、服务、信息等创新创业要素,吸引全球高质量的科创项目参与其中。首届长三角全球科创项目集中路演活动,吸引了院士、诺奖获得者、图灵奖获得者的项目14个,国家级高端人才的项目118个,海外项目近200个;吸引了软银国际等470多家全球知名投融资机构,签订落地项目385个、意向项目436个,金额达336亿元,其中,5 000万元人民币以上的项目128个。

打造创业者峰会品牌。2019年12月,"2019创业者峰会暨科技创新项目路演活动"吸引了451个高端科创项目路演,达成项目签约228项,签约率达50.5%,签约总金额达148.2亿元,其中,国际合作项目签约76项,金额为26.02亿元。110名国家特聘专家参会,63个特聘专家项目、257个博士以上高层次科创项目参加路演。院士及特聘专家科创项目路演占比为15%,博士以上高层次科创项目路演占比为57%。成立了7个"百人会技术转移中心",承接"全球科创百人会"路演落地项目。

 ## 接力资本市场上市融资

大力推进企业股改上市。自2017年浙江省推行"凤凰行动"计划以来,嘉兴市加快推进现代企业制度建设,推动全市经济高质量发展,出台了《嘉兴市企业股改、上市(挂牌)新政二十条》《加快企业股改上市三年行动方案(2017—2020)》等文件。围绕鼓励企业改制、挂牌、上市、再融资、并购重组等方面出台了一系列政策措施,加快推动多层次资本市场发展,积极引导和支持企业在多层次资本市场上市融资。嘉兴市全力推进企业股改上市,取得了明显成效。截至2019年9月,嘉兴市已有境内外上市公司54家,新增上市企业1家,新增报会企业5家,累计报会在审企业8家。

形成企业库梯队培养态势。嘉兴市积极引导和支持企业在多层次资本市场上市融资,深入挖掘全市优质上市后备资源,完善省、市、县重点拟上市企业后备库,形成梯度培育态势,并根据企业实际情况,为拟股改上市企业开辟"绿色通道",采取"一事一议"等直通式、定制式办法,帮助企业协调解决项目审批、土地房产变更、资产转让、税费减免、环评等问题,为企业股改上市排除障碍。

 ## 优化科技金融政策环境

完善科技金融保障支撑。为进一步完善科技金融政策体系,着力推进金融政策性担保体系建设,嘉兴市金融办、市科技局出台了相关政策,明确了为企业提供融资的银行、担保公司、保险公司、投资基金公司为科技金融机构入库的范畴,并对知识产权、科技型企业融资、科技研发、科研人员人身安全等险种予以补贴。嘉兴市加大科技创新投入,2017年嘉兴科技发展专项资金规模为5 890万元,2018年增长至9 000万元。

发挥税收优惠政策的激励作用。嘉兴市全面落实高新技术企业税收优惠等政策,健全知识产权保护和交易机制,提升企业研发费用加计扣除优惠金额。2019年,嘉兴市实现技术交易额127.47亿元,全市万人发明专利达到33.04件;全市专利权质押融资登记额33.4亿元,占浙江省总量的1/4。

联动兄弟城市共同推进科技金融工作。2019年底,在中国人民银行上海总部的倡议指导下,长三角G60科创走廊九城市及主要金融机构联合发起《金融支持长三角G60科创走廊先进制造业高质量发展综合服务方案》,从金融创新服务、政府支持保障和政策工具引导3个方面解决G60科创企业的融资难、融资贵、融资不适配和信息不对称的问题。

附 录 >>
APPENDIX
CHAPTER

14 科技金融大事记

2019年1月19日

　　财政部、国家税务总局发布《关于实施小微企业普惠性税收减免政策的通知》，对创业投资企业和天使投资个人有关税收政策进行调整，扩大创投企业和天使投资人享受投资抵扣优惠的投资对象范围；1月24日，财政部、国家税务总局、国家发展改革委、证监会联合发布《关于创业投资企业个人合伙人所得税政策问题的通知》，广受关注的创投企业个人合伙人所得税缴税政策落地实施。

2019年3月14日

　　财政部、国家税务总局印发《关于粤港澳大湾区个人所得税优惠政策的通知》（财税〔2019〕31号），规定2019年至2023年，广东省、深圳市按内地与香港个人所得税税负差额，对在大湾区工作的境外（含港澳台）高端人才和紧缺人才给予补贴，该补贴免征个人所得税。随后，广东省和深圳市分别推出具体政策措施。

2019年7月20日

　　国务院金融稳定发展委员会办公室发布《关于进一步扩大金融业对外开放的有关举措》，按照"宜快不宜慢、宜早不宜迟"的原则，推出"允许外资机构在华开展信用评级业务时，可以对银行间债券市场和交易所债券市场的所有种类债券评级"等11条金融业对外开放措施。

2019年7月22日

　　科创板首批25家公司上市，标志着设立"科创板"和试点注册制这一资本市场重大改革任务完成，"科创板"主要是支持和鼓励"硬科技"企业上市，强化信息披露，合理引导预期，加强监管。

2019年8月6日

　　中国银保监会、国家知识产权局和国家版权局联合发布《关于进一步加强知识产权质押融资工作的通知》（银保监发〔2019〕34号），要求优化知识产权质押融资服务体系，支持商业银行建立专门的知识产权质押融资管理制度。

2019年9月9日至10日

　　证监会在京召开全面深化资本市场改革工作座谈会。会议提出了当前及今后一个时期全面深化资本市场改革的12个方面重点任务，包括充分发挥科创板的试验田作用；大力推动上市公司提高质量；补齐多层次资本市场体系的短板；狠抓中介机构能力建设；加快推进资本市场高水平开放；推动更多中长期资金入市；切实化解股票质押、债券违约、私募基金等重点领域的风险；进一步加大法治供给；加强投资者保护；提升稽查执法效能；大力推进简政放权；加快提升科技监管能力；等等。

2019年10月24日

　　习近平在中央政治局第十八次集体学习时强调，把区块链作为核心技术自主创新的重要突破口，加快推动区块链技术和产业创新发展。

2019年10月25日

　　证监会宣布启动全面深化"新三板"改革，明确重点推进5项改革措施。随后证监会发布了一系列基础性文件，标志着"新三板"改革迈出了实质性的一步。

2019年10月29日

　　经中国人民银行同意，由中国互金协会和世界银行共同支持建设的全球数字金融中心在杭州正式成立。该中心将致力于增进数字金融发展国际共识，促进数字金融良好实践、标准和经验的传播运用，为发展中国家和新兴市场的数字金融发展提供技术援助支持，推动数字金融更好、更安全地造福世界各国人民，为世界各国搭建一个兼具开放性、包容性和多样性的数字金融领域知识共享与能力建设平台。

2019年12月30日

　　中国银保监会专门出台了《中国银保监会关于推动银行业和保险业高质量发展的指导意见》（银保监发〔2019〕52号），提出要完善服务实体经济和人民群众生活需要的金融产品体系，支持开发适合科技创新的金融产品。

15 科技金融政策

政策类别	文 件	发文单位	主 要 内 容
顶层设计	《关于进一步扩大金融业对外开放的有关举措》	国务院金融稳定发展委员会办公室	按照"宜快不宜慢、宜早不宜迟"的原则,推出"允许外资机构在华开展信用评级业务时,可以对银行间债券市场和交易所债券市场的所有种类债券评级"等11条金融业对外开放措施
顶层设计	《中华人民共和国外商投资法实施条例》	国务院	围绕鼓励和促进外商投资、保护外商投资合法权益、规范外商投资管理、持续优化外商投资环境、推进更高水平对外开放等方面制定相关法律,于2020年1月1日实施
顶层设计	《国务院关于进一步做好利用外资工作的意见》(国发〔2019〕23号)	国务院	主要提出:深化对外开放,加大投资促进力度,深化投资便利化改革,保护外商投资合法权益,等等
顶层设计	《中央引导地方科技发展资金管理办法》的通知(财教〔2019〕129号)	财政部科技部	对引导资金支持内容、使用效益、分配方式和分配计算公式等制定了具体管理办法
顶层设计	《关于金融服务乡村振兴的指导意见》	中国人民银行银保监会证监会财政部农业农村部	要坚持农村金融改革发展的正确方向,健全适合乡村振兴发展的金融服务组织体系,积极引导涉农金融机构回归本源;明确重点支持领域,切实加大金融资源向乡村振兴重点领域和薄弱环节的倾斜力度,增加农村金融供给;围绕农业农村抵质押物、金融机构内部信贷管理机制、新技术应用推广、"三农"绿色金融等,强化金融产品和服务方式创新,更好满足乡村振兴多样化融资需求;充分发挥股权、债券、期货、保险等金融市场功能,建立健全多渠道资金供给体系,拓宽乡村振兴融资来源;加强金融基础设施建设,营造良好的农村金融生态环境,增强农村地区金融资源承载力和农村居民金融服务获得感
顶层设计	《中共中央 国务院关于营造更好发展环境支持民营企业改革发展的意见》	中共中央国务院	从优化公平竞争的市场环境、完善精准有效的政策环境和健全平等保护的法治环境等方面为支持民营企业发展提出了具体指导意见
顶层设计	《关于加强金融服务民营企业的若干意见》(中办发〔2019〕6号)	中共中央办公厅国务院办公厅	以公平公正、聚焦难点、压实责任、标本兼治四项基本原则综合施策,加大金融政策支持力度,着力提升对民营企业金融服务的针对性和有效性;强化融资服务基础设施建设,着力破解民营企业信息不对称、信用不充分等问题;完善绩效考核和激励机制,着力疏通民营企业融资堵点;积极支持民营企业融资纾困,着力化解流动性风险并切实维护企业的合法权益
顶层设计	《中国银保监会关于推动银行业和保险业高质量发展的指导意见》(银保监发〔2019〕52号)	银保监会	提出如下发展目标:到2025年,实现金融结构更加优化,形成多层次、广覆盖、有差异的银行保险机构体系;公司治理水平持续提升,基本建立中国特色现代金融企业制度;个性化、差异化、定制化产品开发能力明显增强,形成有效满足市场需求的金融产品体系;信贷市场、保险市场、信托市场、金融租赁市场和不良资产市场进一步健全完善;重点领域的金融风险得到有效处置,银行保险监管体系和监管能力现代化建设取得显著成效

（续表）

政策类别	文　件	发文单位	主　要　内　容
顶层设计	《关于科技创新支撑复工复产和经济平稳运行的若干措施》（国科发区〔2020〕67号）	科技部	通过启动实施"科技助力经济2020"重点专项、充分发挥国家高新区在推动复工复产中的重要载体作用、实施科技型中小企业创新发展行动、加大对高新技术企业的激励引导等相关举措推动复工复产和经济平稳运行的工作局面及实现全年经济社会发展目标
财税引导	《关于实施小微企业普惠性税收减免政策的通知》（财税〔2019〕13号）	财政部税务总局	对月销售额10万元以下（含本数）的增值税小规模纳税人，免征增值税；对小型微利企业年应纳税所得额不超过100万元的部分，减按25%计入应纳税所得额，按20%的税率缴纳企业所得税；对年应纳税所得额超过100万元但不超过300万元的部分，减按50%计入应纳税所得额，按20%的税率缴纳企业所得税
财税引导	《财政部　税务总局　海关总署关于深化增值税改革有关政策的公告》（财政部　税务总局　海关总署公告2019年第39号）	财政部税务总局海关总署	为推进增值税实质性减税，对增值税一般纳税人及纳税事项、实施时间等做出了具体规定
财税引导	《财政部　税务总局关于明确生活性服务业增值税加计抵减政策的公告》（财政部　税务总局公告2019年第87号）	财政部税务总局	就生活性服务业增值税加计抵减有关政策做出具体规定：2019年10月1日至2021年12月31日，允许生活性服务业纳税人按照当期可抵扣进项税额加计15%，抵减应纳税额
财税引导	《财政部　税务总局关于明确部分先进制造业增值税期末留抵退税政策的公告》（财政部　税务总局公告2019年第84号）	财政部税务总局	从纳税人定义、留抵税额计算公式等内容对部分先进制造业纳税人退还增量留抵税额有关政策作出具体规定
财税引导	《财政部　税务总局关于集成电路设计和软件产业企业所得税政策的公告》（财政部　税务总局公告2019年第68号）	财政部税务总局	对集成电路设计和软件产业有关企业所得税在2018年12月31日前自获利年度起计算优惠期，第一年至第二年免征企业所得税，第三年至第五年按照25%的法定税率减半征收企业所得税，并享受至期满为止
财税引导	《关于粤港澳大湾区个人所得税优惠政策的通知》（财税〔2019〕31号）	财政部税务总局	2019年至2023年，广东省、深圳市按内地与香港个人所得税税负差额，对在大湾区工作的境外（含港澳台）高端人才和紧缺人才给予补贴，该补贴免征个人所得税
财税引导	《关于扩大固定资产加速折旧优惠政策适用范围的公告》（财政部　税务总局公告2019年第66号）	财政部税务总局	规定固定资产加速折旧优惠的行业范围，扩大至全部制造业领域
财税引导	《财政部　税务总局关于明确生活性服务业增值税加计抵减政策的公告》（财政部　税务总局公告2019年第87号）	财政部工业和信息化部银保监会	进一步完善首台（套）重大技术装备保险补偿机制试点工作，充分发挥市场机制决定性作用，由中央财政对符合条件的投保企业给予适当额度保险补偿，利用财政资金杠杆作用，强化保险的风险保障功能，降低用户风险，并引导培育首台（套）重大技术装备保险市场，加快首台（套）重大技术装备研发应用
财税引导	《关于继续执行研发机构采购设备增值税政策的公告》（财政部公告2019年第91号）	财政部商务部税务总局	为鼓励科学研究和技术开发，促进科技进步，继续对符合适用条件的内资研发机构和外资研发中心采购国产设备全额退还增值税

（续表）

政策类别	文　件	发文单位	主　要　内　容
财税引导	《关于创业投资企业个人合伙人所得税政策问题的通知》（财税〔2019〕8号）	财政部 税务总局 发展改革委 证监会	为进一步支持创业投资企业发展，创投企业可以选择按单一投资基金核算或者按创投企业年度所得整体核算两种方式之一，对其个人合伙人来源于创投企业的所得计算个人所得税应纳税额。创投企业选择按单一投资基金核算的，其个人合伙人从该基金应分得的股权转让所得和股息红利所得，按照20%的税率计算缴纳个人所得税。创投企业选择按年度所得整体核算的，其个人合伙人应从创投企业取得的所得，按照"经营所得"项目5%～35%的超额累进税率计算缴纳个人所得税
创新链条	《关于有效发挥政府性融资担保基金作用切实支持小微企业和"三农"发展的指导意见》（国办发〔2019〕6号）	国务院办公厅	切实降低小微企业的综合融资成本，具体举措包括引导降费让利，实行差别费率，清理规范收费；同时提出完善银担合作机制，强化财税正向激励，构建上下联动机制，逐级放大增信效应
创新链条	《关于新时期支持科技型中小企业加快创新发展的若干政策措施》（国科发区〔2019〕268号）	科技部	就支持科技型中小企业创新发展提出加大对科技型中小企业研发活动的财政支持等几项具体政策措施
创新链条	《科技金融战略合作协议》	科技部 国家邮政储蓄银行	两部门采取多项合作机制推动科技与金融结合，建立科技金融合作机制，共同推动建立多元化融资渠道，加强资源整合力度。邮储银行分支机构在科技园区内设立科技特色支行，并研究出台差异化考核机制的指导意见，建立科技金融改革探索的"试验田"，开展科技金融改革创新探索
创新链条	《关于开展财政支持深化民营和小微企业金融服务综合改革试点城市工作的通知》（财金〔2019〕62号）	财政部 科技部 工业和信息化部 人民银行 银保监会	从2019年起，财政部联合科技部、工业和信息化部、人民银行、银保监会开展财政支持深化民营和小微企业金融服务综合改革试点城市工作，中央财政给予奖励资金支持
创新链条	《关于进一步明确规范金融机构资产管理产品投资创业投资基金和政府出资产业投资基金有关事项的通知》（发改财金规〔2019〕1638号）	发展改革委 中国人民银行 财政部 银保监会 证监会 外汇局	对创业投资基金和政府出资产业投资基金从范围、投向、运作等几个方面进行了规范
创新链条	《关于在上海证券交易所设立科创板并试点注册制的实施意见》（中国证券监督管理委员会公告〔2019〕2号）	证监会	在上交所新设科创板，坚持面向世界科技前沿，面向经济主战场，面向国家重大需求，主要服务于符合国家战略、突破关键核心技术、市场认可度高的科技创新企业
创新链条	《关于为设立科创板并试点注册制改革提供司法保障的若干意见》（法发〔2019〕17号）	最高人民法院	从司法角度，提出要促进发行、上市、信息披露、交易、退市等资本市场基础制度改革统筹推进，维护公开、公平、公正的资本市场秩序，保护投资者的合法权益
创新链条	《金融支持长三角G60科创走廊先进制造业高质量发展综合服务方案》	中国人民银行上海总部等	加大供应链金融业务创新力度。依托先进制造业产业链核心企业，运用区块链技术开展仓单质押贷款、应收账款质押贷款、票据贴现、保理、国际国内信用证等供应链金融创新，提高制造业产业链整体融资效率。深化应收账款融资服务平台推广应用，扩大动产担保统一登记试点，降低银企对接成本

（续表）

政策类别	文 件	发文单位	主 要 内 容
地方探索	《中关村国家自主创新示范区促进科技金融深度融合创新发展支持资金管理办法》（中科园发〔2019〕6号）	中关村科技园区管理委员会	为建立适合中关村国家自主创新示范区企业全生命周期发展的综合金融服务体系，推动普惠金融发展，从支持金融科技引领发展、完善产融结合的金融支撑体系、持续深化科技信贷创新几个方面明确支持内容和标准，并对申请审核与监督管理做出具体规定
地方探索	《广州市黄埔区广州开发区促进风险投资发展办法实施细则（修订）》（穗开金融规字〔2019〕2号）	广州开发区金融工作局	对符合条件的风险投资机构在项目落户、经营贡献奖、高管人才奖励、投资机构发展奖、投资项目引进奖、办公用房补贴、鼓励集聚发展等事项制定了具体实施办法
地方探索	《广东省推广第二批支持创新相关改革举措工作方案的通知》（粤府办〔2019〕15号）	广东省人民政府办公厅	对科技成果权属改革、科技成果转化服务模式等改革做好推广实施工作明确了落实举措
地方探索	《深圳市商务局产业发展专项资金消费提升扶持计划操作规程》	深圳市商务局	对资助对象、原则和方式及支持方向和标准做出了具体规定
地方探索	《关于促进上海创业投资持续健康高质量发展的若干意见》（沪府规〔2019〕29号）	上海市人民政府	要加强创业投资与科创板等市场板块的联动，要加强长三角创业投资行业联动发展等内容
地方探索	《关于促进金融科技发展支持上海建设金融科技中心的指导意见》	央行上海总部	从打造具有全球影响力的金融科技生态圈、深化金融科技成果应用、加大新兴技术研发、持续优化金融服务、加强长三角金融科技合作共享、提升金融科技风险管理水平、提升金融科技监管效能、加强人才培养和合作交流8个方面提出了40项指导意见
地方探索	《北京市市级政府投资基金绩效评价管理暂行办法》（京财绩效〔2019〕717号）	北京市财政局	对政府投资基金绩效评价的主体、对象、内容、评价方法、程序等做出了具体规定
地方探索	《金融支持北京市制造业高质量发展的指导意见》	人民银行营业管理部 北京银保监局 北京证监局 北京地方金融监管局等	鼓励银行探索建立先进制造业融资事业部制，在北京经济技术开发区等制造业聚集区域设立特色支行，实施差异化管理。支持金融机构发起设立金融租赁公司，支持金融租赁公司和融资租赁公司在经济技术开发区等制造业聚集区域设立项目子公司。支持银行内部建立制造业企业专用的信用评级体系、信贷准入标准以及考核激励机制。充分发挥北京市企业续贷受理中心作用，为小微制造业企业提供续贷服务。鼓励制造业核心企业、金融机构与人民银行应收账款融资服务平台进行对接，开发全流程、高效率的线上应收账款融资模式。推动银行与上海票据交易所对接，提升商票流转与融资效率。研究推动制造业核心企业在银行间市场注册发行产业链融资票据
地方探索	《北京市新一轮深化"放管服"改革优化营商环境重点任务》	北京市人民政府办公厅	任务围绕企业创新创业、投资贸易、市场竞争、法治保障等重点领域，制定了改革任务清单，明确了责任和时限
地方探索	《关于银行业和保险业支持全省制造业高质量发展的指导意见》（苏银保监发〔2020〕44号）	银保监会 江苏监管局	通过实行政策倾斜，优化配置各项资源，创新产品服务，匹配多元融资需求相关举措。通过三年努力，实现制造业金融服务"增量、扩面、提质、降本"